생명 안에 있는 하나님의 구원

한국복음서원

God's Salvation in Life

by Witness Lee

Originally Published by
Living Stream Ministry, Anaheim, California in U.S.A.
Korean Copyright © 2001 by Korea Gospel Book Room,
Seoul, Korea. All rights reserved.

Translated and Published by Permission,
Printed in Korea

목차

제1장 생명 안에 있는 하나님의 구원의 첫 단계 - 거듭남 ········ 7

제2장 생명 안에 있는 하나님의 구원의 두 번째 단계 - 변화 ········ 33

제3장 생명 안에 있는 하나님의 구원의 세 번째 단계 - 형상을 본받음 ········ 59

제4장 생명 안에 있는 하나님의 구원의 네 번째 단계 - 영화롭게 됨 ········ 75

서문

이 책은 1993년 2월 13-14일에 미국 캘리포니아 아나하임에서 윗트니스 리 형제님이 전하신 메시지를 번역한 것입니다.
이 메시지는 전하신 분의 검토를 거치지 않았습니다.

제 1 장

생명 안에 있는 하나님의 구원의 첫 단계 - 거듭남

성경

창 2:8-9
여호와 하나님이 동방의 에덴에 동산을 창설하시고 그 지으신 사람을 거기 두시고 여호와 하나님이 그 땅에서 보기에 아름답고 먹기에 좋은 나무가 나게 하시니 동산 가운데에는 생명나무와 선악을 알게 하는 나무도 있더라

요 1:1
태초에 말씀이 계시니라 이 말씀이 하나님과 함께 계셨으니 이 말씀은 곧 하나님이시니라

4
그 안에 생명이 있었으니 이 생명은 사람들의 빛이라

롬 5:10
곧 우리가 원수 되었을 때에 그 아들의 죽으심으로 말미암아 하나님으로 더불어 화목되었은즉 화목된 자로서는 더욱 그의 살으심을 인하여 구원을 얻을 것이니라

18하
… 의의 한 행동으로 말미암아 많은 사람이 의롭다 하심을 받아 생명에 이르렀느니라

개요

I. 하나님의 원래의 갈망과 목적
A. 사람에게 생명이 되는 것임—창 2:8-9.
B. 생명나무로 상징됨—9절, 계 2:7하, 22:2, 14, 19.

II. 하나님의 완전한 구원은 두 가지 중대한 요소인 구속과 구원으로 이루어짐
A. 하나님의 구속은 그리스도의 보혈을 초점 삼으며 법리적인 방면의 필요를 충족시킴—롬 3:20-26, 엡 1:7.
B. 하나님의 구원은 그리스도의 생명(하나님의 생명)을 초점 삼으며 권위(권세)에 대한 필요를 충족시킴—롬 5:10.
C. 하나님의 구속은 사람의 타락을 처리하는 반면, 하나님의 구원은 영이신 하나님 자신을 사람에게 생명으로 주심으로 하나님의 의도를 성취하는 것임—고후 3:6.
D. 구속은 그리스도의 보혈을 통하여 하나님의 생명 안에 있는 구원을 위한 기초를 놓고 길을 내는 것임—행 11:18, 롬 5:17하-18, 21하.
E. 생명 안에 있는 하나님의 구원의 주요 네 단계—거듭남과 변화와 형상을 본받음과 영화롭게 됨.

III. 거듭남의 정의
A. 하나님에게서 태어남—요 1:13.
B. 사람의 천연적인 생명에 더하여 하나님의 영원한 생명을 갖는 것임—3:16.

IV. 하나님의 정하심
A. 하나님에 의해 선택되고 창조된 사람은 창조될 뿐 아니라 반드시 거듭나야 함—창 2:9상.

B. 타락하고 죄로 죽은 사람은 반드시 구속되고 거듭나야 함—행 11:18.

V. 거듭남의 성취—벧전1:3
A. 그리스도의 부활을 통하여.

B. 그리스도께서 부활하셨을 때.

VI. 거듭남의 체험
A. 그리스도 안으로 믿는 모든 사람은 그리스도의 부활을 통하여 성취된 거듭남을 체험함—요 3:7.

B. 회개하고 그리스도 안으로 믿을 때—15절.

VII. 거듭남을 체험하는 길
A. 물로 태어남—요 3:5.
  1. 죄에 관하여 책망받음—16:8-11.
  2. 회개하고 죄들을 자백함—행 2:38.

B. 영으로 태어남—요 3:5.
  1. 그리스도를 부르고 영접함—롬 10:13, 요 1:12.
  2. 그리스도 안으로 믿음—3:36상.

VIII. 거듭남의 결과
A. 신성한 생명과 신성한 본성을 가진 하나님의 자녀가 됨—요

1:12, 벧후 1:4, 참고.엡 4:18.
B. 믿음의 가정, 곧 하나님의 가정의 구성원이 됨—엡 2:19, 갈 6:10.
C. 삼일 하나님, 아버지와 아들과 성령께서 내주하시게 됨-엡 4:6 하, 롬 8:10상, 요 14:17.
D. 그리스도의 형제들이 되며 그리스도와 함께 아버지 하나님에게서 태어나 하나님의 많은 아들들이 됨—롬 8:29하, 히 2:10-12.
E. 그리스도의 증가인 그리스도의 지체들이 됨—고전12:27, 요 3:30상.
F. 그리스도의 충만과 표현인 그리스도의 몸을 조성함—롬12:5, 엡 1:23.
G. 새 창조가 됨—고후 5:17, 갈 6:15.
H. 새 사람의 한 부분이 됨—엡 2:15, 골 3:10-11.
I. 하나님의 왕국 안으로 들어가 하나님의 시민이 됨—요 3:5, 엡 2:19.
J. 하늘에 속한 시민이 됨—빌3:20, 엡 2:6하.
K. 하나님의 선민인 이스라엘이 됨—갈 6:16.

이번 신춘 중국어 집회에서 우리는 특별히 생명 안에 있는 하나님의 구원이라는 주제를 다룰 것이다. 생명 안에 있는 구원이란 하나님께서 우리를 구원하시기 위해 생명으로서 우리 안으로 들어오셨음을 의미한다. 생명 안에 있는 구원은 우리의 생명이 되기 위하여 우리 안으로 들어 오신 하나님 자신이므로 외적인 것이 아니라 내적인 것이다.

I. 하나님의 원래의 갈망과 목적—
생명나무가 상징하듯이
사람에게 생명이 되는 것임

사람을 창조한 하나님의 갈망과 목적은 생명나무가 상징하듯이(창 2:9, 계2:7하, 22:2, 14, 19) 그분이 사람의 생명이 되시는 것이다(창 2:8-9). 성경은 놀라운 책이다. 성경의 처음 두 장은 인류를 포함한 우주의 만물을 하나님이 어떻게 창조했는지를 말해 준다. 이 두 장을 읽은 후에 우리는 "사람을 창조한 후에 하나님은 사람이 무엇을 하기 원하셨을까?"라고 질문할지 모른다. 하나님은 사람을 창조하신 후 사람에게 어떤 것을 하라고 말하는 대신에 사람을 위하여 동산을 예비하셨다는 사실에 독자들은 의아해 하거나 혹은 약간 실망할 것이다. 성경 학자들은 이 동산을 "낙원" 또는 에덴 동산이라고 부른다. 하나님은 그분이 창조한 사람을 이 동산 안으로 데려오셨고 사람이 그곳에서 살기를 원하셨다.

동산 안에는 특별한 두 나무가 있었다. 실제로 동산에는 많은 나무가 있었으나 많은 나무 중 이 두 나무만이 특별했다. 한 나무는 생명나무라고 불리었다. 우리 모두는 사과나무, 포도나무, 살구나무 등 여러 나무의 이름을 들어 봤을 것이다. 그러나 아마도 생명나무에 대하여는

듣지 못했을 것이다. 성경 처음에 나오는 생명나무는 성경 독자들에게 큰 문제가 되어왔다. 창세기 2장은 3500년 전에 쓰여졌다. 그때 이후로 성경 독자들은 "생명나무가 뭐지?"라고 질문해 왔다. 그러나 누구도 그 질문에 답할 수 없었다. 그럴 뿐만 아니라, 성경 처음 두 장에서 생명나무가 언급된 후, 성경 마지막에 이르기 전까지 생명나무는 성경에서 언급되지 않는다. 성경에는 창세기 2장에서부터 수많은 것들이 언급되나, 성경 66권의 마지막에 이르기 전까지 우리는 생명나무를 다시 찾아볼 수 없다. 전체 성경의 마지막 두 장에 이르러야 생명나무가 다시 나타난다. 이것이 보여 주는 것은 성경이 생명나무에서 시작하여 생명나무로 마쳐진다는 것이다. 생명나무는 성경의 시작과 결론이다. 그러므로 이것은 매우 중요한 것임에 틀림없다.

창세기 2장의 생명나무에서 우리는 하나님의 갈망을 본다. 하나님께서 사람을 창조하셨을 때 사람에 관한 그분의 갈망은 무엇인가? 성경은 하나님께서 그분의 형상을 따라 그분의 모양대로 사람을 만드셨다고 말한다(창1:26). 실제로, 하나님께서 창조하신 것은 사람이 아니라 "하나님"이었다. 예를 들어, 여러분이 개를 만들고자 하는데, 그 개를 사람의 얼굴과 신체의 모양대로 만든다면, 사람들은 그것을 보고 개가 아니라 사람이라고 말할 것이다. 창세기에서 하나님은 사람을 창조하셨다. 그러나 그분이 창조하신 것은 형상과 모양에서 하나님과 똑같이 생겼기 때문에 하나님의 외양을 가지고 있었다.

성경은 하나님께서 하늘과 땅과 동물과 식물과 땅에 기는 것을 창조하신 다음 사람을 창조하셨다고 말한다. 만일 여러분이 하나님이 창조하신 것이 사람이었다고 말한다면, 나는 이 사람은 실제로 하나님이었다고 논쟁하며 말할 것이다. 이와 같이 하나님을 닮은 사람을 만드신 그분의 목적은 무엇인가? 창세기 2장에서 우리는 하나님께서 창조하신 사람을 생명나무 앞에 두셨다는 것을 본다. 이것은 매우 의미심장하다. 하나님의 의도는 아담이 생명나무를 먹는 것이었다. 영양 학자는 우리가 먹는 그것이 바로 우리가 된다고 말한다. 이와 같이 생명나무를 먹는 자들은 생명나무처럼 보일 것이다.

그러면 생명나무는 무엇인가? 이것을 위해서 우리는 성경을 주의 깊게 연구하며 생명나무를 언급한 창세기 2장부터 시편에 이를 때까지 성경을 계속 읽을 필요가 있다. 시편 36편은 "저희가 주의 집의 살찐 것으로 풍족할 것이라 주께서 주의 복락의 강수로 마시우시리이다. 대저 생명의 원천이 주께 있사오니"(8-9상)라고 말한다. 여기에서 생명이 다시 언급된다. 시편 35편은 하나님 안에 생명의 원천이 있다고 말한다. 바꾸어 말하면 하나님께서 생명의 근원이라는 것이다. 여러분이 하나님의 집 안에 거할 때, 여러분의 누림을 위해 생명의 근원이 여러분 앞에 놓여 있다. 이 그림은 하나님의 갈망이 사람의 생명이 되기 위하여 그분 자신을 사람 안으로 역사하는 것임을 보여 준다. 그러면 어떻게 하나님께서 사람 안으로 역사될 수 있는가? 이것은 먹는 방식에 의해서이다. 그러므로 주 예수께서 오셔서 요한복음 6장에서처럼 그분이 생명의 떡이라고 말한 것은 놀랄 만한 것이 아니다(35절). 그때 주님은 그분을 먹는 사람이 그분으로 인하여 살 것이라고 말씀하셨다(57하). 그럴 뿐만 아니라, 요한복음 1장 1절은 "태초에 말씀이 계시니라 … 이 말씀은 곧 하나님이시니라"고 말하고, 4절은 "그 안에 생명이 있었으니 이 생명은 사람들의 빛이라"고 말한다. 게다가 요한복음 10장 10절은 "내가 온 것은 양으로 생명을 얻게 하고 더 풍성히 얻게 하려는 것이라"고 말한다. 이 구절들로부터 우리는 생명나무가 하나님 자신임을 분명히 알 수 있다.

영이신 하나님은 사람에게 비밀스러우며 보이지 않는다. 그러므로 하나님은 상징과 비유로서 나무를 사용하셨다. 여러분이 이 나무를 볼 때, "이 그림은 누구를 가리키는 것인가?"라고 궁금해 할 것이다. 생명이 무엇인가? 우리는 동물의 생명이 있고, 식물의 생명이 있고, 사람의 생명이 있고, 신성한 생명이 있다는 것을 안다. 생명은 항상 비밀스럽다. 그러므로 하나님이 생명을 우리에게 명확히 하기 위해 단지 말로써 그분이 생명이라고 설명하는 것은 충분하지 않다. 그러므로 하나님은 우리에게 그림을 보여 주셨다. 여러분이 이 나무를 보고 있으면 점차적으로 여러분이 이 나무를 먹어야 한다는 것을 깨닫게 될 것이다. 그것은 하나님을 여러분의 생명으로 여러분 안에 영접할 필요가 있다는 것이다. 그러므로 창세기 2장의 생명나무는 사람 안으로 들어오길 원하시는 하나님의 마음의 갈망을 표현해 준다.

요한복음 3장 16절은 하나님께서 세상을 사랑하신다고 말한다. 그러나 이 말씀에 대한 우리의 이해는 너무나 피상적이다. 하나님께서 세상 사람을 사랑하신다는 것은 단지 그분이 사람을 좋아하신다는 의미가 아니다. 오히려 하나님은 세상 사람 안으로 들어오길 원하시는 정도까지 사람을 극도로 사랑하신다. 온 우주에는 하나님이 창조하신 수천, 수만 개의 피조물이 있다. 그러나 하나님께 가장 소중한 것은 사람이다. 왜냐하면 사람은 하나님을 담을 수 있는 그릇이기 때문이다. 하나님은 사람 안에 있기를 갈망하신다. 그러므로 성경은 처음부터 그분의 갈망을 표현하고, 마지막에 하나님의 목적을 다시 보여 준다. 성경 66권은 하나님의 역사에 대한 기록이며, 이 역사의 궁극적인 완결로 인해 사람은 생명나무이신 하나님을 영접할 수 있게 된다. 생명나무이신 하나님은 사람의 생명이 되기 위하여 사람 안에서 자라실 것이다. 이것이 바로 하나님의 목적이다.

II. 하나님의 완전한 구원은
두 개의 중대한 요소인 구속과 구원으로 이루어짐

하나님께서 사람을 창조하신 후, 그분은 사람이 생명나무를 받아들이기를 원하셨다. 즉, 그분은 사람이 하나님 자신을 그의 생명 공급이 되도록 그 안에 영접하기를 원하셨다. 그러나 우주에는 하나님 이외에 성경에서 마귀라 불리는 자가 있다. 사람이 생명나무를 먹음으로 하나님을 영접하려 하기 전에 마귀는 사람을 속여 다른 나무를 먹게 하여 그를 받아들이게 했다. 마귀는 에덴 동산의 또 다른 나무인 선악을 알게 하는 나무로 상징된다. 사람이 그 나무를 먹었을 때, 마귀가 사람 안으로 들어왔다. 하나님이 사람 안으로 들어오시기 전에 마귀가 먼저 사람 안으로 들어온 것이다. 일단 마귀가 사람 안으로 들어오자, 마귀의 악한 본성이 사람의 본성과 연합되었다.

중국 현인 중에는 두 개의 학파가 있다. 한 학파는 사람은 본성적으로 악하다고 말하며, 다른 학파는 본성적으로 선하다고 주장한다. 사람의 본성이 선한가, 악한가? 두 학파의 주장은 나름대로 근거가 있다. 사람은 하나님의 형상대로 창조되었기 때문에 사람은 본래 매우 선하다. 하나님은 사랑, 빛, 거룩, 의이시다. 이러한 신성한 속성에 따라 하나님이 사람을 창조하셨기 때문에 사람 또한 사랑, 빛, 거룩, 의이다. 깊은 속에서 우리는 어둠보다 빛을 더 좋아한다. 더욱 우리는 사랑을 가지고 있다. 그래서 부모를 사랑하고, 친척을 사랑하고, 이웃을 사랑하고, 급우들을 사랑하고, 다른 여러 사람들을 사랑한다. 우리는 또한 거룩하다. 그래서 세상적인 사람들과 함께 방황하는 것을 좋아하지 않는다. 더구나 우리는 공정하고 의롭기를 원한다. 우리 모든 사람 안에는 이러한 특성들이 있다. 그러나 우리는 또한 우리에게 악한 본성이 있음을 발견한다. 우리는 도대체 선한가, 악한가? 성경에 따르면 창조되었을 때 사람은 선했지만 마귀의 부패시킴과 관련되면서 악하게 되었다. 그러므로 타락한 사람은 아주 복잡하다. 우리 안에는 마귀의 죄가 있다. 우리 안에 있는 죄는 또한 "악"(롬 7:21)이라 불린다. 로마서 7장에서 바울은 죄가 우리 안에 살고 있다고 말한다(17, 20절). 죄는 우리 안에서 살 수 있기 때문에, 우리는 죄가 죽은 것이 아니라 살아 있는 것임을 알 수 있다. 사도 바울이 "악"이라고 부른 것이 바로 이것이다.

그럴 뿐만 아니라 사람은 외적으로 많은 범죄를 행했다. 그래서 사람은 범죄자이다. 이같이 사람은 내적으로는 죄인이고 외적으로는 범죄자이다. 사람 안을 보면 죄인이고, 사람 밖을 보면 범죄자이다. 사람은 내적으로 죄인이기 때문에 사람에게는 탐심과 정욕 등 사악한 것들이 많이 있다. 또 사람은 외적으로 범죄자이기 때문에 거짓말하고, 속이고, 훔치고, 하고 싶은 모든 악한 것을 행한다. 사람은 나이가 들수록 더 교활하고 약삭빠르게 된다. 노인들은 내적으로는 교활하고 외적으로는 약삭빠르다. 사람이 나이가 들면 안에 있는 죄 또한 나이가 든다. 따라서 그는 죄에 익숙한 죄인이 되는 것이다. 사람이 나이가 들면 외적인 범죄도 나이가 들어 능숙한 범죄자가 되는 것이다.

A. 하나님의 구속은 그리스도의 보혈을 초점 삼으며 법리적인 방면의 필요를 충족시킴

사람이 이처럼 타락했기 때문에 하나님은 사람을 포기하셨는가? 아니다. 하나님은 사람을 너무나도 사랑하시기 때문에 사람을 포기하지 않으신다. 더욱 하나님은 그분의 영원한 목적을 가지고 계신다. 하나님은 그렇게 호락호락하게 사탄에게 패배하지 않으신다. 그러므로 하나님은 구속을 가져오셨다. 구속은 사람이 타락하고 부패하여 죄인과 범죄자기 되었기 때문에 더해진 것이다. 하나님께서 사람을 그분의 그릇으로 다시 사용하시려면 사람의 상황을 철저히 다루셔야 했다. 하나님은 사람 안에 거하시기 전에, 먼저 사람을 구출하고 깨끗케 하고 다시 온전케 하셔야 했다. 하나님은 그분의 의로운 율법에 따라 이것을 행하셔야만 했다. 또한 보편적인 논리로 볼 때에도 하나님은 이렇게 행하셔야 했다. 하나님은 사람을 사용할 수 있기 전에 사람을 위해 먼저 구속을 성취하셔야 했다. 그러므로 하나님의 완전한 구원에는 두 가지의 요소가 있다. 먼저 하나님은 사람을 구속하기 위해 오셨고, 그 다음에 하나님은 사람을 구원하기 위해 오셨다. 구속은 법리적인 방면의 필요를 충족시키기 위한 것이다. 하나님이 사람이 타락했다는 사실을 무시한 채 여전히 그분의 목적을 위해 사람을 사용한다고 가정해 보자. 그때 천사들과 마귀는 머리를 흔들며, "하나님, 당신은 의와 빛과 거룩과 영광의 하나님이십니다. 그런데 이렇게 더럽고 천하고 타락하고 악하고 누추한 사람을 어떻게 사용한다는 말입니까? 이것은 법적으로 의롭지 못한 것입니다."라고 말할 것이다. 그러므로 그리스도의 보혈을 초점 삼는 하나님의 구속은 법리적인 방면의 필요를 충족시키기 위해 필요한 것이다(롬 3:20-26, 엡 1:7).

B. 하나님의 구원은 그리스도의 생명(하나님의 생명)을 초점 삼으며 권위(권세)에 대한 필요를 충족시킴

비록 사람이 하나님의 그릇이 되기를 원했지만 동산에 다른 나무로 상징되는 악한 권세가 이 우주 안에 있다는 것은 참으로 불행한 일이다. 우리가 학교, 사무실, 사회 단체 등 어디에 있든지 우리 주위에는 우릴 유혹하여 선이 아닌 악을 행하도록 하는 악한 권세가 있다. 그러므로 선을 행하려고 결심할지라도 악한 권세에 둘러싸여 있기 때문에 우리의 그러한 결심은 소용이 없게 된다. 이것은 구속의 문제가 아니라 구원의 문제이다. 하나님이 타락한 죄인인 우리를 위해 준비하신 이 완전한 구원의 두 요소 중 한 가지는 우리를 구속하는 것이고 다른 하나는 우리를 구원하는 것이다. 하나님의 구원은 우리 안에, 우리 주위에, 우리 위에 있는 악한 권세로부터 우리를 구원하는 것이다. 이와 같이 그리스도의 생명(신성한 생명)을 초점 삼는 하나님의 구원은 권세에 대한 필요를 충족시킨다(롬 5:10).

타락으로 인하여 사람에게는 지금 죄의 본성이 있다. 나는 구원받은 지 70년이 지났고, 또 70년 동안 성경을 연구해 왔다. 이 70년 동안 온갖 종류의 사람을 접해 본 결과, 나는 사람의 죄의 본성에는 네 마리 "괴물"이 있다는 것을 발견하게 되었다. 우리 모두는 나이가 많든 적든, 신분이 높든 낮든지 간에 이 네 마리 괴물을 다 가지고 있다. 첫 번째 괴물은 탐심이다. 여러분이 좋은 펜을 가진 사람을 보면, 즉시 "저 사람이 저 펜을 나에게 주면 얼마나 좋을까?"라고 생각하게 된다. 이것이 탐심이다. 바로 이러한 탐심 때문에 남의 물건을 훔치게 된다. 두 번째 괴물은 정욕이다. 오늘날의 사회를 보라. 심지어 초등학교 때부터 이성 관계를 갖기 시작하고 백발의 노인들도 여전히 춤을 추러 간다. 이것이 정욕이다. 세 번째 괴물은 교만이다. 모든 사람은 헛된 영광을 추구하고 높은 지위를 열망한다. 미국의 우수한 어떤 대학에서 이등을 한 학생이 일등인 학생을 죽이려고 한 적이 있었다. 일등이 되기 위해 살인까지 범하려 한 사람이 있다는 것이 이상하지 않은가? 그러나 이러한 교만과 헛된 영광은 우리 모두에게 있다. 정치권에서 차관인 사람은 장관이 되기를 원한다. 장관이 된 후에는 부통령이 되기를 원한다. 그리고 부통령이 된 후에는 대통령이 되기를 원한다. 나는 그 사람이 대통령이 된 후에는 도대체 무엇이 되기를 원할는지 모르겠다. 아마도 그 사람은 마귀가 그랬던 것처럼 하늘에 올라가 하나님과 같아지기를 원할 것이다. 헛된 영광을 사랑하고 권력과 지위를 탐내기 때문에 정치권의 많은 주요 인사들이 서로 싸우는 것이다. 이것이 바로 교만이다.

마지막으로 가장 나쁜 괴물이 남아 있다. 그 괴물의 이름은 분노이다. 분노를 작은 것으로 여기지 말라. 사람이 화가 나면 쉽게 격분하고 사납게 된다. 그렇게 격분하면 그는 다투고 싸우게 된다. 나는 복음을 전하고 진리를 가르치면서 주로 사람을 접하고 섬겨 왔기 때문에 이러한 것들을 알게 되었다. 한 예를 들면, 약 30년 전에 매우 좋은 한 부부가 있었다. 어느 날 남편이 회사에서 기분이 매우 상했다. 퇴근 후 여전히 화가 난 채 차에 탔다. 그는 그의 분노를 발산할 곳이 필요했고 결국 집에 있는 부인에게 그렇게 할 수 있다고 생각했다. 우연히 같은 날 그의 부인도 집에서 화가 많이 나 있었다. 아이들은 말을 듣지 않았고, 이웃과 다투었고, 한 친척은 전화로 그녀에게 잔소리를 했기 때문이었다. 그래서 남편이 집에 왔을 때 분노와 분노가 만나는 상황이었다. 두 사람이 대면했을 때 둘 다 분노로 휩싸이게 되었다. 화가 날 때 누가 그것을 이길 수 있는가? 남편과 아내가 화가 날 때, 그들은 분노하고 격분하여 곧 싸우고 다투게 된다. 결국 그들은 별거하거나 이혼하게 되는 것이다. 그러므로 우리 안에 있는 네 마리 괴물인 탐심과 정욕과 교만과 분노 때문에 사람으로서 합당하게 행동하지 못하게 된다.

매일 이 네 마리 괴물인 탐심과 정욕과 교만과 분노가 우리를 조종하고 있다. 이 네 마리 괴물 때문에 타락한 죄인인 우리 모두는 볼품없게 되었다. 여러분에게는 다른 사람에게 감히 말할 수 없는 비밀스럽게 행한 많은 것들이 있을 것이다. 여러분의 부인에게 말 못할 많은 것들 또는 남편이 알아서는 안 되는 많은 것들이 있다. 하나님은 그분의 형상과 모양대로 우리를 창조하셨지만 우리는 그분과 같지 않다. 우리는 안에 있는 죄의 본성 때문에 무례하고 그릇 행해 왔다.

C. 하나님의 구속은 사람의 타락을 처리하는 반면, 하나님의 구원은 영이신 하나님 자신을 사람에게 생명으로 주심으로 하나님의 의도를 성취함

그러므로 먼저 우리에게는 구속이 필요하고 두 번째로 구원이 필요하다. 하나님의 구속은 사람의 타락을 처리하는 반면, 하나님의 구원은 영이신 하나님 자신을 사람에게 생명으로 주심으로 하나님의 의도를 성취한다(고후 3:6). 세상 종교의 창시자들 가운데 구속이라는 단어를 사용한 사람이 없다는 것은 주목할 만하다. 그들은 가치 있는 봉사를 통해 잘못을 보상해야 한다고 가르쳤다. 여러분에게 이러한 공적이 있는가? 여러분에게 그러한 것이 있다 해도, 이전의 죄들에 대해서는 어떻게 할 것인가? 오직 성경만이 주 예수께서 우리의 죄를 위해 구속을 성취하려 오셨다고 분명하게 말해 준다. 그분은 우리를 구속할 뿐 아니라 우리의 생명이 되도록 영이신 그분 자신을 주심으로 우리를 구원하신다.

D. 구속은 그리스도의 보혈을 통하여 하나님의 생명 안에 있는 구원을 위한 기초를 놓고 길을 내는 것임

구속은 그리스도의 보혈을 통하여 하나님의 생명 안에 있는 구원을 위한 기초를 놓고 길을 내는 것이다(행 11:18, 롬 5:17하-18, 21하). 사람이 창조된 후 사천 년이 지난 어느 날 하나님은 성육신을 통해 사람이 되셨고, 예수라는 이름으로 불리었다. 그때에, 하나님은 이 땅에 오셔서 사람 안으로 들어가 사람과 하나로 연결되셨다. 이와 같이 그분은 하나님이며 또한 사람이시다. 그분은 사람이 되신 결과 인류와 연합되셨다. 여러분과 나는 그분 안에 포함되었다. 어느 날 그분은 십자가에 가셔서 피를 흘리시어 우릴 위해 죽으시고 우리의 모든 죄를 담당하시고 우리의 모든 문제를 해결하셨다.

십자가에서의 그리스도의 죽음은 비밀스러운 죽음이었다. 그분은 인류와 연합되셨기 때문에, 그분이 사람으로 죽으셨을 때 우리 또한 그분에 의해 십자가로 이끌려져 거기에서 죽은 것이다. 이것이 성경의 비밀스러운 가르침이다. 성경은 우리가 그리스도와 함께 십자가에 못 박혔다고 말한다(갈 2:20). 그분이 인류인 우리를 그분과 함께 십자가로 이끌어, 거기에서 죽게 했다. 그러므로 그분이 십자가에 못 박혔을 때, 우리도 또한 그분 안에서 그분과 함께 십자가에 못 박힌 것이다. 그리고 나서 그리스도는 부활하셨고, 부활 안에서 그분은 하나님을 우리의 생명이 되도록 우리에게 분배하셨다. 로마서 5장 17절 하반 절에 따르면 그리스도의 구속을 통하여 우리에게 주어진 은혜와 의의 선물은 우리가 하나님의 생명 안에서 왕 노릇 할 수 있는 정도까지(단지 이기는 것이 아니라 모든 것을 정복하고 모든 것 위에 다스리는 정도까지) 풍성할 수 있다.

우주에서 인류 가운데 다음과 같은 역사가 있었다. 한 사람이 공개적으로 십자가에 못 박혔다. 그러나 장사된 지 사흘 만에 그분은 부활하셨다. 그분이 부활하셨을 때, 우리 또한 그분과 함께 부활하였다. 부활 안에서 그분은 하나님을 우리 안으로 분배하셨다. 그러므로 성경은 우리가 그분과 함께 십자가에 못 박혔고 그분과 함께 부활했다고 말한다. 그분과 함께 십자가에 못 박힌 것은 구속을 위한 것이고, 그분과 함께 부활한 것은 구원을 위한 것이다. 주 예수의 죽음과 부활을 통하여 하나님은 그분 자신을 우리 안에 분배하시어 우리 안에 거하신다. 바로 이것을 통하여 하나님의 구원이 성취된다. 그러므로 오늘날 우리는 그분 안에서 부활한 자들이다.

주님은 우리 안에 즉, 우리 영 안에 계신다. 그분은 우리 안에 태어날 뿐 아니라, 매일 우리와 함께 살고 움직이기를 원하신다. 우리가 말할 때도 그분은 관여하신다. 우리가 무엇을 하든지 그분은 우리와 함께 하신다. 이러한 것은 불신자들에게 알려지지 않았다. 그들은 예수를 믿는 것이 종교를 믿고 자신의 외적인 행위를 바꾸는 것이라고 생각한다. 그러나 성경이 우리에게 가르치는 것은 하나님은 생명이시고 그분을 떠나서는 생명이 없다는 것이다. 오직 그분의 생명만이 영원한 생명이다. 바로 생명이신 하나님이 사람 안으로 들어와 사람의 생명이 되기를 원하신다. 하나님이 사람을 창조한 목적은 사람이 그릇으로 하나님을 담기 위한 것이다. 그러므로 오늘날 하나님이 없는 사람, 그리스도가 없는 사람은 공허한 사람이다. 그런 사람에게는 실재가 없는 것이다. 사람의 실재는 하나님이신 그리스도이다. 하나님 자신이 성육신을 통해 사람이 되셨다. 이 사람 안에서 그분은 인류를 십자가로 이끌어 거기서 그분과 함께 죽게 하였다. 그 후 그분은 인류를 그분과 함께 부활하도록 이끄셨고, 이 부활 안에서 그분이 선택한 사람을 거듭나게 하셨다.

E. 생명 안에 있는 하나님의 구원의 주요 네 단계— 거듭남과 변화와 형상을 본받음과 영화롭게 됨

죽고 부활하신 그리스도는 성육신을 통해 사람 되시고 우리를 위해 죽으시고 우리를 부활 안으로 이끄신 하나님이시다. 부활 안에서 그분은 변형되어 생명 주는 영이 되셨다. 그러므로 하나님, 그리스도, 그 영은 분리된 세 분이 아니다. 하나님이 그리스도이시고, 그리스도가 그 영이시다. 오늘날 생명 주는 영이신 그리스도는 하나님의 구속과 구원을 우리에게 적용하신다. 생명 안에 있는 하나님의 구원은 주요 네 단계—거듭남, 변화, 형상을 본받음, 영화롭게 됨으로 이루어진다. 이 장에서 우리는 생명 안에 있는 하나님의 구원의 첫 단계인 거듭남을 살펴볼 것이다.

III. 거듭남의 정의—
하나님에게서 태어나 사람의 천연적인 생명에 더하여
하나님의 영원한 생명을 갖는 것임

거듭남은 일부 사람이 생각하듯이 "과거의 모든 것이 어제 죽었고 오늘부터는 모든 것이 새로 태어난 것"을 의미하는 것이 아니다. 거듭남은 소위 매일의 자기 혁신이 아니다. 거듭남은 하나님에게서 태어나(요 1:13), 사람의 천연적인 생명에 더하여 하나님의 영원한 생명을 갖는 것이다(요 3:16). 하나님이 우리를 낳았을 때, 그분의 생명이 우리 안으로 들어왔다. 사도 바울은 "이제는 내가 산 것이 아니요 오직 내 안에 그리스도가 사신 것이라"(갈 2:20)고 말했다. 우리의 옛 "나"는 그리스도와 함께 십자가에 못 박혔다. 우리는 죽었다. 침례는 우리가 장사되었음을 보여 준다. 지금은 더 이상 우리가 사는 것이 아니라 우리 안에서 그리스도가 사신다. 바울은 또한 죽고 부활하신 그리스도가 우리의 생명이라고 말했다(골 3:4상). 성경에 분명한 말씀이 있고 그리스도인의 삶 또한 이 사실을 증명할 수 있다. 왜 우리는 매일 기도하는가? 왜 우리는 매일 아침 부흥을 하는가? 우리는 주님께 가까이 가기 위해 이러한 실행을 하며 주님께 나아와 그분의 이름을 부르고 있다. 우리가 그분을 부르는 것은 그분을 호흡하는 것이다. 영이신 그분은 공기와 같다. 우리가 그분을 부르고 그분께 기도할 때 그분을 들이마시는 것이며 그분이 우리 안으로 들어오시는 것이다. 우리 모두는 아침에 기도하거나 그분을 부르지 않으면 하루 종일 공허함과 불안감을 느낀다는 것을 간증할 수 있다. 우리가 그분을 부를 때 우리 안에 주님을 가지게 된다.

IV. 하나님의 정하심

A. 하나님에 의해 선택되고 창조된 사람은 창조될 뿐 아니라 반드시 거듭나야 함

하나님은 그분의 구원 안에서 그분이 선택하고 창조한 사람이 창조될 뿐 아니라 반드시 거듭날 것을 정하셨다(창 2:9상).

B. 타락하고 죄로 죽은 사람은 반드시 구속되고 거듭나야 함

하나님은 또한 타락하고 죄로 죽은 사람은 반드시 구속되고 거듭날 것을 정하셨다(행 11:18).

V. 거듭남의 성취— 그리스도의 부활을 통하여, 그리스도가 부활하셨을 때

거듭남은 그리스도의 부활을 통하여, 그리스도가 부활하셨을 때 성취되었다(벧전 1:3). 사실상 우리는 우리가 믿었을 때 거듭난 것이 아니다. 오히려 이천 년 전 그리스도가 부활하셨을 때 거듭났다. 하나님은 창세 전에 이미 믿는 이들인 우리를 선택하고 예정하셨다. 하늘과 땅이 존재하기 이전, 우리가 태어나기 이전에 하나님은 우리를 택하셨다. 그리고 나서 하나님은 수천 년을 사용하셔서 택함받은 우리들을 그분이 정하신 환경에서 태어나게 하셨다. 우리가 태어난 후 하나님은 다시 한번 다양한 환경들을 안배하셔서 우리로 여러 상황들을 체험하게 하셨다. 하나님은 우리를 구원하기 위하여 온갖 종류의 환경을 만드셨다.

VI. 거듭남의 체험— 그리스도 안으로 믿은 모든 사람은 그리스도의 부활을 통하여 성취된 거듭남을 체험함

회개하고 믿을 때, 그리스도를 믿은 우리 모두는 그리스도의 부활을 통해 성취된 거듭남을 체험했다(요 3:15, 7). 이 거듭남을 통하여 하나님은 우리 안으로 들어오셔서 우리의 생명이 되셨다. 그분은 우리와 함께 사시고 우리와 함께 움직이신다. 우리가 말할 때 그분은 우리와 함께 말하신다. 그분은 우리 안에 우리의 생명으로서 살고 계시며, 우리는 그분을 살고 있다. 그분은 우리의 내용이며, 우리는 그분의 표현이다.

VII. 거듭남을 체험하는 길

A. 물로 태어남—
죄에 관하여 책망받고, 회개하고 죄들을 자백함

믿는 이들이 거듭남을 체험하는 길에는 두 방면이 있다. 첫 번째 방면은 죄에 관하여 책망받고(요 16:8-11) 회개하고 죄들을 자백함으로(행 2:38) 물로 태어나는 것이다(요 3:5).

B. 영으로 태어남—
그리스도를 부르고 영접하며 그리스도 안으로 믿음

믿는 이들이 거듭남을 체험하는 길의 두 번째 방면은 그리스도를 부르고 영접하며(롬 10:13, 요 1:12) 그리스도 안으로 믿음으로(요 3:36상) 영으로 태어나는 것이다(요 3:5). 어떤 사람이 복음을 들으면 그의 양심이 만져져서 자신의 죄를 깨닫게 된다. 그때 그는 회개하고 자기의 죄들을 자백하며 주 예수를 부르게 된다. 일단 그가 자백하고 기도하고 주 예수를 부르면 그 안에서 어떤 일이 발생하게 된다. 그는 어떤 분이 자기 안으로 들어왔음을 느끼게 된다. 이전에 그는 혼자 있었다. 그러나 지금 또 다른 분이 그 안에 있다. 이분은 그에게 기쁨과 평강을 주신다. 이분은 그를 단지 바꿀 뿐만 아니라 변화시킨다. 나는 기독교 안에서 태어나고 자라고 교육받았다. 그러나 19살이 되어서도 나는 여전히 구원받지 못했다. 그러나 어느 날 내가 복음을 들었을 때, 나는 믿지 않을 수 없었다. 나는 내 죄를 주님께 자백하고 그분께 기도했다. 나는 달라졌다. 나는 좋아하는 어떤 것들이 있었지만 구원 받은 후 그것들을 더 이상 좋아하지 않았다. 그때 나는 단지 19살이었지만 나는 성경 읽기를 사랑하게 되었다. 나는 아침부터 저녁까지 계속 성경을 읽었다. 잠자리에 들 때에도 나는 성경을 내 베개맡에 두어 불을 끄기 전에 몇 구절을 더 읽었다. 그리고 아침에 일어나면 성경을 읽기 위해 손을 내밀었다. 우리 모두가 동일한 간증을 할 수 있을 것이다.

먼저, 주 예수는 우리의 구속을 위해 십자가에서 죽으셨다. 그리고 부활 안에서 그분은 생명 주는 영이 되셨다. 이제 무소부재하신 그분이 우리에게 오셨다. 수백만의 사람이 이것을 간증할 수 있다. 1942년에 나의 고향 산둥 성 치푸에서 정월 초하루 명절 기간에 교회에서 큰 복음 집회가 있었다. 세무서에서 일하여 많은 돈을 벌었던 한 만주 사람이 집회 후에 나를 보러 왔었다. 그는 나에게 말하기를 "이 선생님, 당신의 메시지는 내 안에 있는 모든 문제를 밝히 보여 주었습니다. 그러나 저는 전혀 해답을 갖고 있지 않습니다. 나는 주님을 믿을 준비가 됐습니다. 당신이 설교한 모든 것을 받을 수 있도록 어떻게 믿는지 나에게 말해 줄 수 있겠습니까"라고 했다. 나는 "그것은 아주 간단합니다. 오늘 집에 가서 조용한 장소를 찾으십시오. 그리고 주 예수께 기도하고 그분께 당신의 죄를 자백하십시오. 양심의 느낌에 따라서 어릴 때부터 지금까지 당신이 범한 죄들을 하나씩 자백하십시오. 결국 당신은 주 예수를 부를 것입니다"라고 말했다. 그가 집에 갔을 때 너무 늦지도 이르지도 않았다. 그의 부인과 아이들은 그를 기다리고 있었다. 전에는 그들과 농담하기를 좋아했지만 그날 그가 집에 갔을 때에는 그는 매우 진지했고 농담도 하지 않았다. 그래서 그의 부인과 아이들은 그를 유심히 살펴보았다. 그리고 그들은 침실로 들어가 문을 닫는 그의 모습을 보았다. 아이들은 창문을 통해서 그가 침실에서 무릎을 꿇고 기도하는 것을 보았다. 다음날 그가 세무서에 다시 일하러 갔을 때, 그는 완전히 다른 사람이었다. 이러한 이야기는 너무나 많다. 왜 그가 달라졌는가? 어떤 분이 그 안으로 들어갔기 때문에 그가 달라진 것이다.

주 예수 안으로 참되게 믿은 모든 사람은 그 안에 들어오신 어떤 분을 갖게 된다. 이분이 하나님이시다. 이분이 예수시다. 이분이 생명 주는 영이시다. 이것이 거듭남이다. 우리가 거듭날 때 우리는 하나님에게서 태어났다. 즉, 하나님이 우리 안으로 태어나신 것이다. 요한복음 1장 12절은 "영접하는 자 곧 그 이름을 믿는 자들에게는 하나님의 자녀가 되는 권세를 주셨으니"라고 말한다. 이 믿는 이들이 하나님에게서 났다. 우리는 이전에 부모님에게서 태어났다. 그러나 하나님의 의도는 그분이 사람 안으로 들어오시는 것이다. 그러므로 그분은 우리의 죄를 위하여 십자가에서 죽으심으로 우리를 구속하셨고, 생명 주는 영이 되심으로 우리 안으로 들어오셔서 우리를 거듭나게 하셨다. 이같이 그분은 우리의 생명이 되시기 위하여 우리 안에 거하신다.

VIII. 거듭남의 결과

우리가 거듭나고 우리 안에 살아 계신 하나님을 가짐으로 다음의 11가지 항목의 결과를 가져왔다.

A. 신성한 생명과 신성한 본성을 가진 하나님의 자녀가 됨

거듭남의 첫 번째 결과는 우리가 신성한 생명과 신성한 본성을 가진 하나님의 자녀가 된 것이다(요 1:12, 벧후 1:4, 참고 엡 4:18).

B. 믿음의 가정, 하나님의 가족의 구성원이 됨

거듭남의 두 번째 결과는 우리가 믿음의 가정인 하나님의 가족의 구성원이 된 것이다(엡 2:19, 갈 6:10).

C. 삼일 하나님, 아버지와 아들과 성령이 내주하시게 됨

거듭남의 세 번째 결과는 삼일 하나님, 아버지와 아들과 성령이 우리 안에 거하시는 것이다(엡 4:6하, 롬 8:10상, 요 14:17). 우리는 우리 안에 거하시는 삼일 하나님이신 아버지와 아들과 성령을 가진다.

D. 그리스도의 형제들이 되며 그리스도와 함께 아버지 하나님에게서 태어나 하나님의 많은 아들들이 됨

거듭남의 네 번째 결과는 우리가 그리스도의 형제들이 되는 것이다. 우리는 그리스도와 함께 아버지 하나님에게서 태어나 하나님의 많은 아들들이 되었다(롬 8:29하, 히 2:10-12).

E. 그리스도의 증가인 그리스도의 지체들이 됨

거듭남의 다섯 번째 결과는 우리가 그리스도의 증가인 그리스도의 몸의 지체들이 된 것이다(고전 12:27, 요 3:30상). 본래 그리스도는 스스로 계시며 홀로 계셨다. 그런데 그분이 우리를 한 사람씩 거듭나게 하였고 우리 모두는 그분의 지체들, 그분의 증가가 되었다. 그러므로 요한복음 3장에서는 거듭남을 말하고 나서 거듭난 우리들이 그분의 증가, 곧 그분의 배필과 신부가 된다고 말한다.

F. 그리스도의 충만과 표현인 그리스도의 몸을 조성함

여섯 번째 결과는 그리스도의 증가인 우리가 그리스도의 충만이자 표현인 그분의 몸을 조성하는 것이다(롬 12:5, 엡 1:23). 그리스도의 몸은 교회 즉, 타락하고 하락한 교회가 아닌 정상적인 교회이다. 합당한 교회는 그리스도 안으로 믿고, 그들 안에 그들의 생명으로 살고 계시는 그리스도를 가지고 있고, 속에서부터 그리스도를 살아내는 한 무리의 사람들이다. 이러한 사람들이 그리스도의 몸, 그리스도의 충만한 표현인 교회를 조성하는 그리스도의 지체들이다.

G. 새 창조가 됨

거듭남의 일곱 번째 결과는 우리가 새 창조가 되는 것이다(고후 5:17, 갈 6:15). 부모에게서 태어난 우리의 어떠함에 따르면 우리는 옛 창조이다. 그러나 우리 안으로 들어오신 하나님에 의해 거듭난 우리의 존재에 따르면 우리는 새 창조이다. 옛 창조는 사람 혼자인 반면 새 창조는 그 안에 하나님을 가진 사람이다.

H. 새사람의 한 부분이 됨

거듭남의 여덟 번째 결과는 우리가 새사람의 한 부분이 되는 것이다(엡 2:15, 골 3:10-11).

I. 하나님의 왕국 안으로 들어가 하나님의 시민이 됨

거듭남의 아홉 번째 결과는 우리가 하나님의 왕국 안으로 들어가 하나님의 시민이 되는 것이다(요 3:5, 엡 2:19).

J. 하늘에 속한 시민이 됨

거듭남의 열 번째 결과는 우리가 하늘에 속한 시민이 되는 것이다(빌 3:20, 엡 2:6하).

K. 하나님의 선민인 이스라엘이 됨

거듭남의 열한 번째 결과는 우리가 하나님의 선민인 이스라엘이 되는 것이다(갈 6:16). 우리는 거듭남으로 참 이스라엘이 되었다.
그리스도인으로서 우리는 사람인가, 하나님인가? 분명히 우리는 사람이다. 그러나 실제적으로 우리는 사람일 뿐 아니라 하나님이다. 우리는 하나님-사람이다. 우리는 다른 사람이 인내할 수 없는 것을 기뻐하고 심지어 찬송하며 인내할 수 있다. 우리는 그 어떤 사람보다 더 거룩할 수 있다. 대부분의 사람들이 다수의 사람들이 사는 내로 이리저리 떠내려가지만, 우리는 어떤 상황에서도 거룩하며 분별된다. 이것은 우리가 아니라 우리에게서 살아 나타난 하나님이시다. 하나님에게서 태어난 자로서 우리는 신성한 생명 뿐 아니라 신성한 본성도 가지고 있다. 본래 우리는 신성한 본성이 없었다. 우리의 타고난 옛 본성에는 탐심과 정욕과 교만과 분냄의 네 마리 괴물이 있을 뿐이다. 그러나 지금 우리는 사랑과 빛과 거룩과 의의 본성인 신성한 본성을 가지고 있다. 우리가 살아내는 것은 하나님의 속성이 미덕들로 나타나는 것이다. 그리스도인들이 사랑과 거룩과 공의와 정의에 있어서 다른 사람보다 훨씬 뛰어난 것은 우리 자신 안에 있는 어떤 것 때문이 아니라 우리 안에 살고 계시는 하나님이 우리로부터 그분의 속성을 살아내시기 때문이다. 그분의 속성이 우리로부터 살아내어지면, 신성한 속성은 우리의 인간 미덕이 된다. 이것이 그리스도를 사는 것이고 그리스도를 확대하는 것이며 그리스도를 우리의 생명으로 취하고 그리스도를 우리의 생활로 살아내는 것이다. 그럴 뿐만 아니라, 이 신성한 생명의 본성은 우리를 함께 건축하여 그리스도의 몸, 그분의 교회로 조성시킨다. 이것이 생명 안에 있는 하나님의 구원의 첫 번째 단계인 거듭남이다.

제 2 장

생명 안에 있는 하나님의 구원의 두 번째 단계 - 변화

성경

고후 3:18
우리가 다 수건을 벗은 얼굴로 거울을 보는 것같이 주의 영광을 보매 저와 같은 형상으로 화하여 영광으로 영광에 이르니 곧 주의 영으로 말미암음이니라

롬 12:2상
너희는 이 세대를 본받지 말고 오직 마음을 새롭게 함으로 변화를 받아 …

개요

I. 변화의 정의
    A. 단지 외적으로 지각할 수 있을 만한 행동의 바뀜이 아님.
    B. 내적인 본질이 신진대사적으로 변화되는 것임.

II. 변화의 단계
    A. 씻음—중생의 씻음—딛 3:5하.
    B. 거룩케 됨—성령의 거룩케 하심—롬 6:19, 22, 15:16.
    C. 새롭게 됨—성령의 새롭게 하심—딛 3:5하.
        1. 생각에서 시작됨—롬 12:2상.
        2. 그 영과 연합된 우리의 영을 통하여—엡 4:23, 롬 8:6하.
        3. 우리 내적 존재의 각 부분에 도달함.
    D. 신진대사적인 과정—변화—롬 12:2상.
    E. 한순간에 이루어지지 않음.
    F. 우리의 전 일생을 통해 성취됨—고후 4:16-17.

III. 변화되는 길
    A. 어떤 장애물도 없이 주님과 교통함으로—수건을 벗은 얼굴로 주님의 영광스러운 모습을 거울과 같이 주목하고 반사함—고후 3:18상.
    B. 한 단계의 영광에서 또 다른 단계의 영광으로 전진함—18중.
    C. 주 영으로부터 주님과 같은 형상으로 변화됨—18하.
    D. 우리의 영 안에 머물며 우리의 영을 훈련함으로—딤후 4:22, 빌 4:23, 갈 6:18.

IV. 변화의 결과
   A. 신성한 생명 안에서 자라고 성숙함—엡 4:13상, 골 1:28.
   B. 그리스도의 충만한 신장의 분량에 도달함—엡 4:13하.

V. 변화의 목적
   A. 그리스도의 몸의 건축—엡 4:12.
   B. 하나님의 영원한 경륜의 성취—3:9.

VI. 궁극적인 변화
   A. 우리 몸의 변형—빌 3:21.
   B. 우리 몸의 영화롭게 됨—롬 8:30.
   C. 궁극적인 구속—23하, 엡 1:14, 4:30.
   D. 신성한 아들의 명분을 충만하게 맛봄—롬 8:23하.

우리는 우주 안에서 하나님의 마음의 유일한 갈망이 그분 자신을 우리의 생명이 되도록 우리 안에 분배하는 것임을 분명히 보았다. 이것은 가장 큰 비밀이며 가장 큰 계시이다. 그러나 나는 오랜 세월 동안 그리스도인이었던 많은 이들이 이러한 문제에 대해 들어보지 못했고 또 이러한 말씀을 말해내지 못할까 염려스럽다. 그들은 성경의 처음에 생명나무가 있고 이 나무가 성경의 끝에 다시 나타나는 것을 알지 못한다. 이 생명나무는 하나님의 갈망을 표현하고 또한 하나님의 목적을 상징적으로 나타낸다.

하나님은 아담을 창조한 후에 이천 년이 되기까지 여전히 오시지 않았다. 이천 년이 지난 후에 하나님은 아브라함에게 그가 한 씨를 가질 것이며 이 씨 안에서 모든 열국들이 축복을 받게 될 것이라고 약속하셨다. 이 씨는 장차 오실 하나님이었다. 아브라함 때, 하나님이 사람을 창조한 이후로 이천 년의 아주 긴 역사가 지났지만 하나님은 여전히 오시지 않았다. 또 한번의 이천 년이 지난 후에 침례자 요한이 나타났다. 어느 날 그는 예수께서 그에게 오시는 것을 보며 "보라 … 하나님의 어린양이로다"라고 말했다(요 1:29). 이 예수는 만물을 창조하신 하나님이시며 사람들 가운데 오신 것이다. 그때 인류는 약 사천 년의 역사를 가졌다. 그분은 그제서야 오셨지만 그분은 소란스럽게 선전하지 않으시고 오히려 아주 조용하게 오셨다. 그분은 다윗의 후손으로 왕가에서 태어나셨지만 그 당시의 다윗 왕가는 완전히 몰락했다. 주 예수께서는 이스라엘에서 멸시받았던 갈릴리 나사렛의 작은 마을에서 사셨다. 그분은 부유한 가정에서 살지 않으시고 열심히 일해야 하는 목수의 집에서 자라셨다. 오늘날까지도 우리는 그분이 그곳에서 무엇을 하셨는지 알지 못한다. 하늘과 땅의 창조주께서 실제로 33년 반 동안 작은 오두막에서 사시며 목수로서 일하셨다.

이 예수는 참으로 하나님이셨다. 그분은 사람이 되신 하나님이시기 때문에 사람들이 그분의 이름을 임마누엘이라 불렀다(마 1:23). 예수는 사람과 함께 계시는 하나님이시다. 그분은 단지 왕가의 후손이 아닌 하나님이셨다. 이사야는 우리에게 주어진 한 아들이 전능하신 하나님, 영존하신 아버지라 불릴 것이라고 예언했다(9:6). 30살이셨을 때 그분은 사역하기 시작했다. 사역하신 지 삼 년 반이 되던 어느 날 그분은 십자가에서 죽게 될 것이라고 제자들에게 말하셨다. 외관상으로 그분을 십자가에 못 박은 것은 사람이었다. 그러나 실제로 하나님의 관점에서는 그분 자신이 십자가에 가신 것이었다. 사람이 그분을 죽인 것이 아니라 오히려 그분 자신이 죄인인 우리를 위하여 죽으시려고 자신의 생명을 버리신 것이다. 그분의 죽음은 대신하는 죽음이었다. 그분은 우리 죄들을 구속하시고 우리의 모든 문제를 해결하시고 우리 옛사람을 끝내시려고 죽으신 분이었다. 십자가에서 그분은 우주 안에 하나님과 사람 사이의 모든 문제를 해결하셨다.

그분은 십자가 위에 여섯 시간 동안 계셨고 마지막 순간에 "다 이루었다"라고 선포하셨다(요 19:30). 그분은 십자가 위에서 구속의 위대한 업적을 성취하셨다. 그 후 어떤 부자가 그분의 시신을 가져다가 귀한 향료와 함께 고운 세마포로 싸서 바위를 깎아 새로 만든 무덤에 두었다. 그리고 삼 일 후에 주님은 부활하셨다. 그분은 세마포를 벗으시고 단정하게 개신 후 한쪽에 잘 두셨다. 그리고 무덤 밖으로 걸어 나오셨다. 주님을 따랐던 어떤 여인들이 이른 새벽에 무덤에 와서 무덤을 막고 있었던 돌이 옆으로 굴러 간 것을 보았다. 흰 옷을 입은 두 천사가 거기에 앉아서 그들에게 "너희는 무서워 말라. 십자가에 못 박히신 예수를 너희가 찾는 줄을 내가 아노라. 그가 여기 계시지 않고 그의 말씀하시던 대로 살아나셨느니라. 와서 그의 누우셨던 곳을 보라"고 말하였다(마 28:5-6, 요 20:12).

　하나님의 독생자이신 주 예수께서는 사람의 본성을 입으심으로 사람이 되셨다. 그리고 죽음과 부활을 통하여 그분의 인성을 신성 안으로 이끄셨다. 이것은 본래 그분의 인성은 하나님의 아들이 아니었으나 부활의 때에 그분의 인성을 신성 안으로 이끄셨음을 의미한다. 즉, 그분의 인성 부분도 하나님의 아들이 된 것이다. 이같이 그분은 이제 하나님의 맏아들이 되셨다. 그분은 더 이상 단지 독생자가 아니라 많은 아들들 가운데 맏아들이 되셨다. 맏아들은 그분 이후로 많은 아들이 있게 될 것임을 가리킨다. 그러므로 부활하셨을 때 그분 홀로 부활하신 것이 아니라 하늘과 땅과 만물이 창조되기 이전에 하나님이 선택하고 예정하신 모든 사람을 이끌어 그분과 함께 부활하게 하셨다. 하늘과 땅이 존재하기 전, 우리가 태어나기 이전에, 믿는 우리 모두는 하나님에 의해 선택받고 예정되었다. 우리는 하나님에 의해 선택 받고 예정된 자들이다.

　부활의 날, 주님은 우리를 이끌어 그분과 함께 부활하게 하셨다. 그 부활이 우리의 거듭남이다. 본래 하나님은 그분의 형상과 모양대로 우리를 창조하셨다. 그러나 불행히도 우리는 타락했다. 그래서 하나님은 사람이 되셨고 그 후 우리 모두를 십자가로 이끌어 거기서 그분과 함께 못 박히게 했다. 이것이 갈라디아서 2장 20절이 "내가 그리스도와 함께 십자가에 못 박혔나니"라고 말한 이유이다. 더욱 그분은 우리를 그분과 함께 부활 안으로 이끄셨다. 그러므로 베드로전서 1장 3절은 "예수 그리스도의 죽은 자 가운데서 부활하심으로 말미암아 우리를 거듭나게 하사"라고 말한다. 우리는 태어나기 전에 거듭났다. 그럴 뿐만 아니라 우리 모두는 함께 거듭났다. 우리의 관점에는 시간과 공간의 요소가 있지만 하나님의 영원한 관점에는 시간의 요소가 없다. 그분에게는 천 년이 하루와 같다. 우리는 그분과 함께 죽었고 또한 그분과 함께 부활했다. 더욱 우리는 그분과 함께 거듭났다.

거듭난다는 것은 우리의 천연적인 생명에 더하여 하나님의 생명을 영접하는 것이다. 생명이신 하나님이 우리 안으로 들어와 우리의 생명이 되셨다. 한 면에서 하나님을 우리의 생명으로 갖는 것은 축복이다. 그러나 또 다른 면에서 그것은 커다란 고통이다. 중국 사람은 결혼하는 것은 "가족을 갖는 것이다"라고 말한다. 이 말은 옳지만 가족은 곧 우리의 속박이 되고 만다. 일단 결혼을 하면 여러분은 족쇄를 차게 된다. 결혼은 한 면으로 축복이지만 또 다른 면에서 속박이다. 이와 비슷하게, 우리 모두는 구원을 받았다. 구원 받는 것은 좋은 것이다. 그리고 하나님을 생명으로 갖는 것도 또한 좋은 것이다. 그러나 하나님이 우리 안에 사실 때 그분은 항상 우리를 귀찮게 하신다. 그분은 큰일은 말할 것도 없고 우리의 사소한 일에도 "간섭하신다." 신문을 읽는 것은 작은 일이지만 우리는 종종 우리 안에서 그분이 그것을 허락하시지 않음을 느낀다. 어떤 자매들은 구원받기 전에는 일요일에 쇼핑하러 갈 때 자유롭고 편안했을 것이다. 그들은 원하는 곳은 어디든지 갔고 비싸지 않고 적합한 것은 무엇이든지 샀을 것이다. 그러나 구원받은 후 그들 안에 계신 주님은 그들을 괴롭히고 그들이 쇼핑하러 가는 것을 원하지 않으실 것이다. 때때로 그들은 어떻게 해서도 갈지 모르나 곧 평강을 잃어버리게 된다. 우리 모두가 이러한 것을 자주 체험했을 것이다.

이것은 결혼을 하였으나 서로 잘 지낼 수 없는 부부에 비유될 수 있다. 하나님은 여러분 안에 들어와 여러분의 생명이 되셨다. 지금 여러분이 그분에게 맞추는가, 아니면 그분이 여러분에게 맞추시는가? 여러분이 그분을 따라가는가, 아니면 그분이 여러분을 따라가시는가?

우리 모두는 자신을 주께 내어드리며 "주님, 당신이 나를 택하셨습니다. 또 내가 구원받도록 모든 환경을 안배하셨습니다. 지금 주님이 내 안에 살고 계십니다. 주님, 당신은 성육신과 죽음과 부활을 통하여 생명 주는 영이 되신 주 하나님이십니다. 오늘날 당신은 영이십니다. 나는 당신의 이름을 부릅니다. 나는 당신을 사랑하고 변화되기를 원합니다"라고 말해야 한다.

 생명 안에 있는 하나님의 구원의 첫 번째 단계는 거듭남이다. 거듭난 이후에 우리는 그분에게서 벗어날 수 없다. 그분은 항상 우리를 따라오신다. 분명히 그분이 우리를 따라오시지만 사실상 그분의 원함은 우리가 그분을 따르는 것이다. 생명 안에 있는 하나님의 구원의 두 번째 단계는 변화이다. 구원받은 이후에 우리는 모든 것이 평화롭고 평탄할 것이라고 생각했었다. 우리는 구원받았을 때 주님께 "붙잡혔다"는 것을 알지 못했다. 그분은 우리를 변화시키기 위해 매우 자주 우리 안에서 활동하신다. 이 변화는 단지 외적인 바뀜이 아니다. 이것은 신진대사적인 바뀜이다. 대만의 동물원에 원숭이가 서양 음식을 먹는 쇼가 있었다. 이것은 진짜 원숭이였지만 공연장에 나오면 사람 흉내를 냈다. 두 다리로 걸어 나와 의자에 앉아서 냅킨을 집고 포크와 나이프로 음식을 먹기 시작했다. 채찍을 가진 사람이 옆에 서서 행동을 지시했다. 그러나 공연을 마치면 그 원숭이는 네 발로 뛰어나오며 그의 본성을 드러냈다. 사람의 외적인 바뀜은 원숭이가 서양 음식을 먹는 것과 같은 것이다. 사람은 간사하다. 사람은 가장할 수 있는 능력이 있기 때문에 표면적으로 많이 변할 수 있다. 그러나 성경은 우리가 구원받아 하나님을 우리의 생명으로 가진 후에, 하나님은 우리가 그분과 같아지도록 신성한 본성의 요소로 우리 안에서 변화시키는 역사를 하신다고 말한다.

I. 변화의 정의

A. 단지 외적으로 지각할 수 있을 만한 행동의 바뀜이 아님

하나님의 생명 안에서 변화된다는 의미는 단지 우리의 외적인 행위가 지각할 수 있을 만큼 변화되는 것이 아니다. 구원받은 사람은 자신이 그리스도인이 아니었을 때는 형편없었지만 지금은 교회에 가고 또 성경을 가지고 다니기 때문에 그의 행위를 바꿔야 한다고 생각할 수 있다. 많은 그리스도인이 이런 식으로 자신의 행위를 바꾼다. 그래서 주위의 친척들이 이러한 변화 때문에 그들을 칭찬하며 "그리스도인이 되는 것은 참 좋은 것이구나. 보아라, 내 조카가 예수를 믿은 후에 이렇게 바뀌었어"라고 말한다. 그러나 사실 그들은 내적으로 바뀐 것이 아니라 단지 외적으로만 바뀐 것이다. 주 예수를 믿은 후 단지 외적인 상황만 바뀌었다면 이것은 다만 다른 사람이 알아차릴 정도로 외적인 행동이 바뀐 것일 뿐이다. 이것은 하나님의 생명 안에서 구원받은 것이 아니다. 때때로 그들의 행동이 아주 놀랍게 개선될 수 있다. 그러면 공자의 제자들이 행위를 개선하는 것과 예수를 믿는 이들이 변화되는 것에는 어떤 차이가 있는가? 어렸을 때 나는 진리를 분명히 알지 못하는 어떤 선교사들이 성경의 가르침이 공자의 가르침과 정확히 똑같다고 가르치는 것을 들었다. 그들은 공자의 가르침은 변화가 아닌 단지 행위를 개선하라는 것임을 인식하지 못했다.

B. 내적인 본질이 신진대사적으로 변화되는 것임

변화는 단지 외적 행동이 눈에 띄게 변하는 것이 아니다. 오히려 변화는 내적 본질이 신진대사적으로 변하는 것이다. 고린도후서 3장 18절은 "우리가 다 수건을 벗은 얼굴로 거울을 보는 것같이 주의 영광을 주목하고 반사하매 저와 같은 형상으로 변화하여 … 곧 주의 영으로 말미암음이니라"고 말한다. 이 구절에서 '바뀌다' 라는 단어가 쓰이지 않았다. 신약에서 '변화되다' 라는 단어가 두 번, 고린도후서 3장 18절과 로마서 12장 2절에서 사용되었다. 이 단어는 내적이고 신진대사적인 변화를 가리키며 외적인 바뀜을 의미하지 않는다.

바뀜과 변화는 어떤 차이가 있는가? 우리는 아파서 얼굴이 야위고 창백한 한 여자를 예로 들어 그 차이를 설명할 수 있다. 그 여자는 얼굴이 창백하기 때문에 얼굴이 나아진 것처럼 보이려고 화장을 할 수 있다. 분과 립스틱을 바르면 그녀의 혈색이 좋아지고 건강하게 보이게 된다. 그러나 이것은 변화가 아니라 완전히 외적으로 바뀐 것이다. 이것은 중국 경극 가수가 얼굴을 희고 검고 붉게 색칠하는 것과 같다. 그러나 그의 얼굴이 아무리 희고 검고 붉던 간에 이것은 변화가 아니다. 이것은 단지 연기이다. 사람이 변화되는 것은 아픈 후에 음식을 잘 먹는 것과 같다. 그리고 두 달 후에 그를 본 사람들은 그의 혈색이 좋아졌고 아주 건강하게 보인다고 말할 것이다. 이렇게 건강한 모습은 외적으로 무엇을 더해서 만들어지지 않는다. 이것은 사람 몸의 내적 본질이 신진대사적으로 변한 결과이다.

II. 변화의 단계

하나님은 우리가 변화되길 원하시지만 우리는 스스로를 변화시킬 수 없다. 변화에는 단계가 있다. 우리가 이 단계를 따르면 변화될 것이다.

A. 씻음―중생의 씻음

변화의 첫 번째 단계는 하나님이 우리를 씻는 것이다. 그러나 이 씻음은 물에 의한 외적 씻음이 아니다. 이 씻음은 디도서 3장 5절에서 언급된 중생의 씻음이다. 하나님을 생명으로 우리 안에 영접하여 거듭날 때 우리는 크게 씻겨졌다. 거듭날 때 우리는 회개하고 우리 자신을 정죄하고 우리의 죄를 자백했다. 더욱이 우리는 죽기에만 합당한 죄인이며, 또한 우리는 정말로 죽었기 때문에 매장되야 한다고 고백했다. 그래서 우리는 죽고 매장되었음을 선포하기 위해 물로 침례를 받을 필요가 있었다. 이것이 우리가 주님을 믿은 후에 침례를 받아야만 하는 이유이다. 침례 받는 것은 매장되는 것이다. 즉, 우리의 옛사람, 더러운 사람, 죽은 사람은 매장되어야 할 필요가 있다. 이 침례는 커다란 씻음으로써 우리의 옛사람과 우리의 옛 과거를 무덤에 매장한다.

우리는 주님 안으로 구원받고 또 침례 받았다. 우리는 거듭났기 때문에 지금 우리 안에는 하나님이 계시다. 또 우리 옛사람은 침례를 통하여 매장되었다. 주 예수님은 "사람이 물과 성령으로 나지 아니하면 하나님 나라에 들어갈 수 없느니라"고 말씀하셨다(요 3:5). 물로 태어나는 것은 우리가 정죄받아 사형 집행을 받은 후 매장된 죄인이라는 것을 고백하는 것이다. 그러므로 우리는 기꺼이 침례 받아 우리 옛사람을 매장하는 것이다. 로마서 6장은 이 문제를 분명하게 언급하고 있다.

B. 거룩케 됨―성령의 거룩케 하심

변화의 두 번째 단계는 성령의 거룩케 하심이다(롬 6:19, 22,

15:16). 우리 옛사람이 침례를 통해 매장된 후 하나님은 우리를 분별하여 우리의 거듭난 새사람을 거룩케 하셨다. 새사람은 하나님께 속하며 하나님은 이 새사람 안에 계신다. 이 거룩케 됨은 단지 우리의 위치가 객관적으로 거룩케 되는 것만이 아니라 우리의 기질(성분)이 주관적으로 거룩케 되는 것이다. 구원받은 우리 모두는 이러한 것을 체험했다. 예를 들어 어떤 사람이 구원받은 후에 누가 말하지도 않았는데도 자신이 신은 신발이 너무 세상적이라고 느끼게 된다. 그가 이 신발을 살 때만 해도 그의 신발이 텍사스 카우보이가 가장 좋아하는 스타일처럼 끝이 뾰족한 것이라며 좋아했었다. 그러나 그는 지금 구원받았기 때문에 그가 이 신발을 신으려 할 때 여기에 세상적인 냄새가 너무 많다는 것을 느끼게 되어 더 이상 그 신발을 신을 수 없게 된다.

내가 약 30년 전에 미국에 왔을 때 이곳에는 히피 문화가 팽배했다. 우리의 집회에도 히피들이 많이 왔었다. 나는 그중 한 사람을 결코 잊을 수 없다. 그는 큰 키에 여러 가지 색으로 머리를 염색했고 수염은 덥수룩하게 나 있었다. 그는 맨발로 집회에 와서는 맨 앞 줄에 앉았다. 주님을 찬양한다. 그는 두세 번 집회를 참석한 후 머리 스타일이 단정해졌고, 또 다른 한 주가 지나고 나서는 긴 수염이 사라졌다. 나는 매우 행복했었다. 그러나 그는 여전히 맨발로 집회에 왔었다. 얼마의 시간이 지난 후에 그는 신발을 신고 집회에 왔고, 또 얼마의 시간이 지난 후에는 양말도 신게 되었다. 그는 바로 거룩케 된 것이다.

찬송가 381장 1절은 다음과 같다. "내 생명 된 주님 / 내 안에 사셔 / 하나님의 모든 충만 주시네 / 주의 신성으로 날 거룩케 해 / 주의 부활 내게 승리 주시네" 우리 안에 사시는 주님이 우리의 생명이 되셨고 이 신성한 본성을 가진 이 생명이 우리를 속에서부터 거룩하게 하신다. 이것이 변화의 두 번째 단계이다.

C. 새롭게 됨—성령의 새롭게 하심

변화의 세 번째 단계는 새롭게 됨이다. 우리가 씻음 받았을 때 거룩케 되었고, 거룩케 되었을 때 새롭게 된 것이다. 디도서 3장은 중생의 씻음과 성령의 새롭게 하심에 대하여 말한다. 나는 머리 스타일을 바꾼 많은 형제 자매들에 관해 알고 있다. 이것은 사람의 가르침에 기인한 것이 아니라 분명 그들 안에 계신 성령이 그들을 새롭게 하신 결과이다. 1942년 치푸에서 대 부흥이 있었을 때 한 젊은 여자가 교회 생활 안으로 들어왔다. 그녀는 매우 부유한 가정에서 자랐다. 그녀는 유산 상속 문제를 해결할 목적으로 혼자 상해에 가서 대학에서 법을 공부한 후 다시 치푸로 돌아왔다. 우리 모두는 그녀의 가족 상황을 알고 있었다. 그녀가 처음 집회에 앉아있는 것을 보았을 때 그녀의 머리 모양은 삼사 층 높이의 탑과 같았다. 그러나 한두 주 집회를 참석한 후에 그녀의 머리의 높은 탑은, 여전히 어떤 부분이 남아 있었지만, 어느 정도 무너져 내린 것을 보게 되었다. 그리고 얼마의 시간이 지난 후에 그 탑은 완전히 무너져 내렸다. 우리는 그녀의 머리 스타일이 변한 것이 새롭게 됨이라고 말할 수 있다. 구원받은 이후에 우리는 주님을 사랑하지만 여전히 너무 약하고 많은 것에서 실패했다고 느낄지 모른다. 그러나 우리가 주의 깊게 살펴본다면 우리가 많은 면에서 새롭게 되었음을 깨닫게 될 것이다.

1. 생각에서 시작됨

새롭게 됨은 우리의 생각에서 시작된다. 로마서 12장 2절은 "생각이 새롭게 됨으로 변화를 받아"라고 말한다. 하나님은 우리를 변화시키려고 우리 안에 생명으로 계신다. 하나님은 어떻게 그분의 변화의 역사를 시작하시는가? 먼저, 하나님은 우리의 생명이 되기 위해 오셨다. 성경의 많은 구절이 이 문제를 언급한다. 디모데후서 4장 22절은 "주께서 네 영에 함께 계시기를 바라노니"라고 말한다. 이 구절은 주님이 우리의 영 안에 계심을 보여 준다. 그리고 나서 또 말하기를 "은혜가 너희와 함께 있을지어다"라고 말한다. 주님의 은혜는 우리의 누림이신 주님 자신이다. 이 은혜가 우리 영 안에 있다. 그러나 우리의 영은 우리 존재의 가장 깊은 부분이므로 우리의 생각과 감정과 의지로 둘러싸여 있다. 그러므로 주님은 그분을 사랑하는 자들의 영이 혼 안으로 퍼짐으로 그들이 생각을 항상 영에 두기를 원하신다.

우리 모두는 사람이 세 부분으로 되어 있음을 안다. 가장 바깥 부분이 몸이고 가장 깊은 부분이 영이며 중간에는 혼이 있다. 그러므로 바깥에서 시작하면 우리는 몸과 혼과 영을 가진 것이고 반면에 안에서부터 시작하면 영과 혼과 몸을 가진 것이다. 우리가 구원받았을 때 가장 먼저 우리는 통회하고 우리 죄들을 자백했다. 이러한 통회하는 느낌은 우리 영의 주된 부분인 양심의 기능이다. 그래서 우리는 회개하고 주님의 이름을 불렀다. 비록 우리가 밖으로 그분을 불렀지만 그 부름은 우리 안에 깊은 곳에 있는 영으로부터 시작된 것이다. 이렇게 우리는 주님을 믿고 영접했다. 이제 주님은 우리의 생각을 새롭게 하기 시작하신다. 생각을 새롭게 하는 것은 우리 혼을 변화시키기 위한 기초가 된다. 생각이 새롭게 되는 것은 우리의 생각을 영에 둔 결과이다(롬 8:6). 우리의 생각은 우리 혼의 주된 부분이다. 생각과 함께 감정과 의지가 혼을 구성하기 때문에 우리의 생각이 새롭게 되면 우리의 감정과 의지도 생각과 함께 자동적으로 새롭게 된다.

2. 그 영과 연합된 우리의 영을 통하여 우리 내적 존재의 각 부분에 도달함

우리는 그 영과 연합된 우리의 영을 통하여 새롭게 된다(엡 4:23, 롬 8:6하). 그리고 이 새롭게 됨은 우리 내적 존재의 각 부분에 도달한다. 영이신 하나님은 처음부터 우리의 몸이나 혼에 거하실 수 없다. 그분은 우리의 영을 그분의 거처로 삼으신다. 요한복음 4장 24절은 "하나님은 영이시니 예배하는 자가 영 안에서 진실함으로 예배할지니라"고 말한다. 또 요한복음 3장 6절은 "영으로 난 것은 영이니"라고 말한다. 하나님은 영이시다. 그리고 우리의 영이 그분에게서 태어났다. 그러므로 우리 안에 있는 영과 영이신 하나님은 한 영이 되었다. 그러나 우리가 구원받은 후 하나님은 우리 혼의 모든 부분이 변화되기를 원하신다. 먼저, 생각이 변화되며 그다음에는 의지와 감정이 변화되기를 원하신다.

우리의 생각은 두 종류의 행동을 가진다. 첫 번째 종류의 행동의 결과로 우리는 영 안에 있게 되며, 두 번째 종류의 행동의 결과로 우리는 육체 안에 있게 된다. 우리의 생각이 하나님의 영과 연합된 거듭난 영에 의존하고 연결되어질 때, 이것을 통하여 우리는 연합된 영 안으로 이끌려지고 우리의 생각은 새롭게 된다. 그리고 이러한 새롭게 됨은 우리 내적 존재의 각 부분에 도달할 것이다. 그러나 우리의 생각이 육체에 연결되어 연합된 영으로부터 독립적일 때, 이것을 통하여 우리는 육체 안으로 이끌려지고 결국 하나님의 원수가 되어 하나님을 더 이상 기쁘시게 할 수 없게 된다. 결국 우리는 새롭게 되거나 변화되지 못할 것이다. 구원받은 우리는 많은 상황에서 우리의 생각을 영에 두거나 육체에 두게 된다. 우리의 생각을 육체에 두면 우리는 변화될 수 없다. 대신에 우리는 이전 모습보다 더 악화될 것이다. 구원받은 우리의 영 안에는 하나님이 계시지만 때때로 우리는 영 안에 계신 하나님을 따르지 않고 오히려 우리의 육체를 따른다. 로마서 8장 6절 상반절은 육신에 둔 생각은 사망이라고 말한다. 그렇게 하면 우리는 죽게 되고, 낙심하고, 메마르고, 어두워지고, 평강이 없게 된다. 이것이 생각을 육체에 둔 결과이다.

우리의 영은 하나님의 영과 연합된 영이다. 두 영이 연합되어 한 영이 되었다. 이 연합된 영은 우리의 영이자 또한 하나님의 영이다. 우리가 생각을 이 연합된 영에 둘 때, 즉시 우리는 기쁘고, 높여지고, 해방된다. 우리는 또한 만족되고, 적셔지고, 빛 비춤 받게 된다. 즉, 우리는 생명과 평강의 느낌을 갖는다. 로마서 8장 6절 하반절은 "영에 둔 생각은 생명과 평강이니라"고 말한다. 우리가 계속 생각을 영에 두고 영과 협력할 때 이 연합된 영은 우리의 생각과 연결되며, 우리 안에는 계속 변화가 있게 된다. 그럴 때 많은 것들에 대한 우리 생각의 관념은 달라지고 우리의 논리는 바뀔 것이다. 우리 전 존재의 각 부분은 변화되고 새롭게 될 것이다.

지금 우리의 영은 우리 존재의 가장 깊은 부분에서 혼의 생각으로 퍼지며 우리의 생각은 우리의 영에 굴복하고 협력하고 있다. 결과적으로 이 영이 우리의 의지와 감정을 관통할 수 있을 것이다. 그때 우리는 다른 이들을 향한 우리의 사랑이 하나님의 사랑이 아니며, 사람과 사물과 일에 대한 우리의 선호가 하나님의 선호와 다름을 발견할 것이다. 이전에는 우리가 아주 옳다고 생각했지만 지금은 우리의 사랑이 다만 우리 자신의 사랑일 뿐 하나님의 사랑이 아님을 보게 된다. 우리의 감정 또한 변화된다. 더 이상 우리가 좋아하는 것을 좋아하지 않게 되고 싫어하는 것을 싫어하지 않게 된다. 우리는 더 이상 이런 방식으로 살지 않는다. 우리의 감정은 하나님의 통제 아래 있으면서 변화되어 간다.

구원받기 전에 여러분은 강한 의지를 가진 사람이었는지 모른다. 어떤 것을 결정하면 누구도 당신의 생각을 바꿀 수 없었다. 그러나 이제는 다르다. 우리의 의도는 완전히 우리의 것일 뿐 하나님의 의도가 아님을 알게 되었다. 이럴 때 여러분 안에 있는 영은 여러분의 의도를 통제할 수 있게 된다. 하나님이 결정하지 않으면 여러분 또한 결정하지 않는다. 결과적으로 여러분이 결정한 것은 하나님의 결정이 된다. 하나님의 의지와 여러분의 의지는 하나가 될 것이다. 이런 방식으로 우리의 혼은 조금씩 변화되고 있다. 여러분의 생각은 변화되고 있고, 여러분의 감정도 변화되고 있고, 여러분의 의지 또한 변화되고 있다.

우리 안에서 하나님이 수행하시는 변화의 역사는 매우 깊을 뿐 아니라 매우 섬세하다. 주님은 매우 섬세하고 세밀하셔서 우리의 머리가 얼마나 길어야 하는지 또는 얼마나 짧아야 하는지에 관한 문제에도 간섭하신다. 우리가 안에 있는 연합된 영과 동역할 때, 우리는 하나님과 함께 하나님의 생명 안에서 살게 되며, 하나님의 생명은 우리를 영 안으로 계속 강화시킬 것이다. 그때 우리의 영은 우리의 생각을 정복하며 우리의 감정을 굴복시키며 우리의 감정을 변화시킬 것이다. 그럴 때 우리는 새로움 안에 있게 된다. 또한 우리는 하나님이 보시는 것같이 사물들을 보게 될 것이다. 우리의 관점은 하나님의 관점이 되며, 어떤 일에 대한 우리의 선호는 하나님의 선호와 같아지며, 우리의 결정 또한 하나님의 결정과 같아질 것이다.

그리스도인들은 종종 "하나님의 뜻이 무엇인지 깨닫기 위해 기도합시다"라고 말한다. 이것은 아주 보편적인 말이지만 대부분의 그리스도인들은 실제로 이것이 무엇을 의미하는지 알지 못한다. 주님의 뜻이 무엇인지 알려면 우리는 영으로 돌이켜 우리 안에 생명이신 그 영을 따라야만 한다. 이때 그 영으로부터 사물을 분별하는 조망을 갖게 된다. 우리가 어떤 것을 사랑해야 하는지 미워해야 하는지, 어떤 문제에 대해 어떻게 결정해야 하는지 등을 알게 된다. 이런 식으로 내린 결정은 분명히 하나님으로부터 온 것이다. 우리는 안에 있는 그 영의 지시를 따라야 한다. 우리의 생각은 영에 두고, 우리의 의지는 영을 따르고, 우리의 감정은 영에 순종해야 한다.

D. 신진대사적인 과정—변화

변화의 네 번째 단계는 신진대사적인 과정이다(롬 12:2상). 사람의 몸에 가장 필요한 것은 피의 순환이다. 그러나 피가 순환할 때 새롭고 좋은 요소가 그 안에 더해져야 한다. 그렇지 않으면 피의 순환은 쓸모없는 것이다. 중국 사람에게 건강을 돌본다는 것은 잘 먹어서 피에 좋은 영양소가 많아지는 것을 의미한다. 이같이 피는 몸의 각 부분에 새로운 영양소를 가져다준다. 그리고 동시에 오래된 요소를 몸 밖으로 배출시킨다. 이것이 신진대사이다.

우리 안에서 주님의 변화는 신진대사적이다. 우리 스스로 자신을 변화시켰다면, 이 변화에는 새로운 요소가 없고 다만 바깥을 꾸민 것일 뿐이다. 그러나 주님이 우리 안에서 수행하고 계시는 변화에는 만유를 포함한 영의 넘치는 공급이 있다. 우리가 주님과 교통할 때 그분은 우리 속에 무엇인가를 공급하신다. 이 공급이 새로운 요소의 공급이다. 이 영적 혈액 순환은 또한 우리의 옛 요소를 밖으로 배출시킨다. 이것이 신진대사적인 변화이다.

E. 한순간에 이루어지지 않음

성령에 의한 우리 속의 변화는 한순간에 이루어질 수 없다. 신진대사적인 변화는 서둘러서 이룰 수 있는 것이 아니다. 오히려 이것은 효과가 천천히 나타나는 한약을 먹는 것과 같다.

F. 우리의 전 일생을 통해 성취됨

성령에 의한 우리 속의 변화는 전 일생을 통해 성취되는 것이다(고후 4:16-17). 우리가 주님을 매일 접촉할 때 부활 생명이 공급하는 신선한 영양분을 얻게 된다. 계속 이러한 방식으로 우리는 새롭게 되고 변화된다.

III. 변화되는 길

A. 어떤 장애물도 없이 주님과 교통함으로— 수건을 벗은 얼굴로 주님의 영광스러운 형상을 거울과 같이 주목하고 반사함

변화되는 길은 먼저 어떤 장애물도 없이 주님과 교통하는 것 즉, 수건을 벗은 얼굴로 주님의 영광스러운 모습을 거울과 같이 주목하고 반사하는 것이다(고후 3:18상). 찬송가 382장 5절(한국복음서원 찬송가)은 다음과 같다. "영 안에 주 바라볼 때 거울처럼 영광 반사해 / 나는 변화돼 주의 형상 돼 주 나를 통해 나타나." 우리는 매일 이와 같이 살아야 한다. 매일 아침 성경을 10분 읽고 5분 기도하는 사람과 성경을 읽지 않고 기도도 하지 않는 사람에게는 분명한 차이가 있다. 우리가 아무리 바쁘더라도 매일 아침 이런 방식으로 주님과 교통해야 한다. 또한 하루 중 주님께 가까이 다가가 얼굴과 얼굴을 마주 대할 수 있는 시간을 찾아야 한다. 그럴 때 우리는 거울과 같이 그분의 영광을 주목하고 반사하게 될 것이다. 그리고 주님은 그분의 어떠함과 그분이 성취하신 것의 요소를 우리 안으로 주입하실 것이다. 그분의 생명 능력과 생명 요소로 우리는 점차적이고 신진대사적으로 변화받아 그분의 생명 모습을 갖게 될 것이다. 가장 중요한 것은 생각이 새롭게 됨으로 우리가 점차적으로 변화를 받아 그분의 형상과 같아지는 것이다.

B. 한 단계의 영광에서 또 다른 단계의 영광으로 전진함

변화되는 두 번째 길은 한 단계의 영광에서 또 다른 단계의 영광으로 전진하는 것이다(고후 3:18). 변화의 길에서 우리는 영광에서 영광으로 즉, 한 단계의 영광에서 또 다른 단계의 영광으로 점진적으로 나아가는 것이다.

C. 주 영으로 인하여 주님과 같은 형상으로 변화됨

변화되는 세 번째 길은 주의 영으로 인하여 주님과 같은 형상으로 변화되는 것이다(고후 3:18하). 오늘날 주의 영은 다만 창세기 1장 2절의 하나님의 영이 아니다. 그때에 하나님의 영은 순수한 하나님의 영이었다. 그때에 하나님의 영에는 다만 한 요소 즉, 신성한 요소, 하나님의 요소만 있었다. 그리고 신성한 요소 외에 다른 요소가 없었다. 그러나 그때 이후로 하나님의 영은 주 예수와 함께 다양한 과정을 거친 후 완결되었다. 요한복음 7장 37-39절에서 주 예수님은 "누구든지 목마르거든 내게로 와서 마시라. 나를 믿는 자는 성경에 이름과 같이 그 배에서 생수의 강이 흘러나리라 하시니, 이는 그를 믿는 자의 받을 성령을 가리켜 말씀하신 것이라(예수께서 아직 영광을 받지 못하신 고로 그 영이 아직 계시지 아니하시더라)"고 말한다. 하나님의 영은 거기에 계셨다. 그러나 과정을 거치고 완결되신 영은 아직 계시지 않았다. 주 예수께서 부활하여 영광을 얻으신 후 그분은 생명 주는 영이 되셨다. 그때에 하나님의 영은 또한 예수 그리스도의 영이 되셨다. 예수 그리스도의 영에는 신성한 요소, 사람의 요소, 그리스도의 죽음과 죽음의 효능의 요소, 그리스도의 부활과 부활의 능력의 요소가 있다. 오늘날 이 요소들이 과정을 거치고 만유를 포함하며 완결된 예수 그리스도의 영 안에 있다.

출애굽기 30장의 거룩한 관유는 이 만유를 포함한 복합된 영의 예표이다. 관유는 기름과 다르다. 순수한 기름에는 다른 성분이 없다. 그러나 기름이 다른 성분과 복합될 때 그 기름은 관유가 된다. 출애굽기 30장의 거룩한 관유는 처음에는 감람기름이었다. 그러나 이 감람기름에 네 가지 성분, 몰약, 육계, 창포, 계피가 포함되었다. 이 네 가지 성분은 가루로 빻아진 후 기름과 섞여져 관유가 되었다. 이것이 바로 거룩한 관유이다. 모세는 이 거룩한 관유를 성막, 제단, 성막의 모든 기구와 기명 및 봉사하는 자들에게 발랐다. 성경 지식이 있는 사람들은 이 거룩한 관유가 성령을 예표한다는 것을 인정한다. 감람기름은 성령을 예표하고, 몰약은 그리스도의 죽음, 육계는 그리스도의 죽음의 효능, 창포는 그리스도의 부활, 계피는 그리스도의 부활의 능력을 각각 예표한다. 이 모든 것들이 과정을 거치고 완결된 영 안에 복합되었다. 그러므로 하나님의 영은 이 요소들로 복합된 영이되셨다.

오늘날 이 영은 단순히 하나님의 영이 아니라 예수의 영, 그리스도의 영, 심지어 예수 그리스도의 영이시다. 그러므로 빌립보서 1장은 예수 그리스도의 영의 넘치는 공급에 대하여 말한다. 예수 그리스도의 영은 복합되고 만유를 포함한 영이므로 그분의 공급은 풍성하다. 여러분에게 신성이 필요한가? 그분에게 신성이 있다. 여러분에게 인성이 필요한가? 그분에게 인성이 있다. 주님의 죽음이 필요한가? 그분에게 죽음이 있다. 주님의 죽음의 효능이 필요한가? 그분에게 죽음의 효능 있다. 주님의 부활이 필요한가? 그분에게 부활이 있다. 부활의 능력이 필요한가? 그분에게 부활의 능력이 있다. 여러분이 이 영을 가질 때 모든 것을 가진 것이다. 그러므로 고린도후서 3장 18절에 언급된 것처럼 우리가 주님과 같은 형상으로 변화되는 것은 이 영 즉, 주 영으로부터 말미암는다.

D. 우리의 영 안에 머물며 우리의 영을 훈련함으로

변화되는 네 번째 길은 우리의 영 안에 머물며 우리의 영을 훈련하는 것이다(딤후 4:22, 빌 4:23, 갈 6:18). 오늘날 과정을 거치고 만유를 포함하며 복합적인 관유는 우리의 영 안에 계신다. 또 그 영은 우리의 영 안에서 역사하고 계신다. 그러므로 요한일서 2장 27절은 "너희는 주께 받은 바 기름 부음이 너희 안에 거하나니 아무도 너희를 가르칠 필요가 없고 오직 그의 기름 부음이 모든 것을 너희에게 가르치며 또 참되고 거짓이 없으니 너희를 가르치신 그대로 주 안에 거하라"고 말한다. 이 기름 부음은 우리 안에 있는 만유를 포함한 복합적인 영의 움직임이다. 우리는 날마다, 아침저녁으로 심지어 순간순간 우리 자신을 이 영과 연합시켜야 한다. 이렇게 하는 가장 좋은 길은 이 영이 내주하시는 우리의 영 안에 머무는 것이다. 우리가 우리의 영 안에 머물 때 예수 그리스도의 영, 만유를 포함한 생명 주는 영이신 복합적인 영이 우리 안에서 역사하실 것이다. 그분의 역사는 우리를 공급하는 것이다. 그리고 우리는 이 공급으로부터 새로운 요소를 받게 된다. 이것이 바로 신진대사이다. 메시지를 듣고 변화의 의미를 이해하는 것이 우리를 변화시키지 못한다. 네 번의 메시지에는 단지 설명과 가르침만 있을 뿐이다. 우리는 여전히 이 메시지에서 말한 것에 따른 실행을 해야만 한다.

매일 우리는 우리의 영 안에 머물기를 실행해야 하며, 복합적인 영, 만유를 포함한 영, 생명 주는 영, 분배하는 영이신 주님과 하나로 연합되어야 한다. 그분은 끊임없이 그리스도의 풍성과 하나님의 충만을 우리 전 존재 안으로 공급하고 분배하신다. 우리 전 존재에 이러한 공급이 있을 때 우리 안에는 옛 요소를 대치하는 새로운 요소가 있게 된다. 이것이 영적인 신진대사의 역사이다. 이럴 때 우리는 영적으로 건강하고 변화받게 된다. 이것은 우리 자신을 개선하는 것이 아니다. 오히려 이것은 만유를 포함한 복합적인 영이 하나님의 요소로 우리를 변화시키는 것이다.

요약하면, 우리는 우리의 영 안에 계시는 그 영을 떠나서는 안 된다. 우리가 그 영 안에 머물 때 점차적으로 변화될 것이다. 이 영은 단순히 우리를 개선하는 것이 아니다. 오히려 그분은 우리를 변화시켜 하나님-사람이 되게 하며, 우리와 하나님을 하나로 연합시킨다. 엄격히 말하면, 오늘날 예수 그리스도는 이렇게 우리를 변화시키고 우리와 하나 되시는 하나님이시다. 우리가 변화받아 하나님과 하나 되는 것이 그리스도를 살고 그리스도를 살아내는 것이며 그리스도를 표현하고 그리스도를 확대하는 것이다. 결론적으로 하나님-사람으로 변화되어 하나님과 하나 되고 그리스도를 살고 표현하고 확대하는 것이 단체적인 표현 즉, 그리스도의 충만과 표현인 그리스도의 몸이다.

IV. 변화의 결과

A. 신성한 생명 안에서 자라고 성숙함

우리가 변화된 첫 번째 결과는 신성한 생명 안에서 자라고 성숙하는 것이다(엡 4:13상, 골 1:28). 우리가 변화될 때 신성한 생명 요소인 그리스도를 얻게 되며 그 신성한 생명 안에서 자라고 성숙하게 된다.

B. 그리스도의 충만한 신장의 분량에 도달함

우리가 변화된 두 번째 결과는 그리스도의 충만한 신장의 분량에 도달하는 것이다(엡 4:13하). 사람과 같이 그리스도에게도 충만함이 있고 그분의 충만함은 그분의 몸이다. 내가 단지 머리만 있고 몸이 없다면 나의 머리는 공중에 매달려 있어야 한다. 그러면 나에게는 충만이 없을 뿐더러 더욱 나는 보기에 끔찍스럽게 된다. 오늘 나에게는 몸이 있고 이 몸은 나의 충만이다. 그리스도의 충만은 그분의 몸이고 이 몸은 어떤 분량의 신장이 있다. 우리가 변화될 때 그리스도의 충만한 신장의 분량을 갖게 된다.

V. 변화의 목적

변화의 목적은 그리스도의 몸을 건축하고(엡 4:12) 하나님의 영원한 경륜을 성취하는 것이다(엡 3:9).

VI. 궁극적인 변화

궁극적인 변화는 우리 몸이 변형되는 것이다(빌 3:21). 오늘날 우리의 몸은 비천한 몸이다. 그러나 주님이 오실 때 만물 조차도 그분에게 복종케 할 수 있는 역사로 우리의 비천한 몸을 그분의 영광스러운 몸과 같은 형상이 되게 할 것이다. 이것이 우리 몸의 영화롭게 됨이며(롬 8:30), 또한 하나님의 궁극적인 구속이다(롬 8:23하, 엡 1:14, 4:30). 이 단계에서 우리는 완전히 구속된 최고 수준의 사람에 도달할 것이다. 우리의 영이 거듭나고 우리의 혼이 변화될 뿐만 아니라 우리의 몸 또한 구속되고 변형될 것이다. 이것은 신성한 아들의 명분을 충만하게 맛보는 것이다(롬 8:23). 하나님은 우리 안으로 들어오셔서 우리를 거듭나게 하심으로 우리로 그분의 아들들이 되게 하셨다. 아들로서 우리에게는 아들의 명분, 아들의 축복이 있다. 우리가 하나님에게서 받은 신성한 아들의 명분의 궁극적인 축복은 우리의 죽을 몸, 죄와 사망의 몸이 부활과 영광의 몸으로 변형되는 것이다. 이것이 가장 높은 축복이며 완전한 누림의 축복이다. 이 모든 것은 변화를 통해 산출된다. 주님이 우리에게 긍휼을 베푸사 생명 안에 있는 하나님의 구원으로 우리가 매일 변화되기를 원한다.

제 3 장

생명 안에 있는 하나님의 구원의 세 번째 단계 - 형상을 본받음

성경

롬 8:29
하나님이 미리 아신 자들로 또한 그 아들의 형상을 본받게 하기 위하여 미리 정하셨으니 이는 그로 많은 형제 중에서 맏아들이 되게 하려 하심이니라

빌 3:10
내가 그리스도와 그 부활의 권능과 그 고난에 참예함을 알려 하여 그의 죽으심을 본받아

요일 3:2
사랑하는 자들아 우리가 지금은 하나님의 자녀라 장래에 어떻게 될 것은 아직 나타나지 아니하였으나 그가 나타내심이 되면 우리가 그와 같을 줄을 아는 것은 그의 계신 그대로 볼 것을 인함이니

개요

I. 형상을 본받음의 정의
A. 형상을 본받음은 생명의 변화의 결과임—고후 3:18.
B. 하나님과 사람을 연결한 하나님-사람이신 하나님의 맏아들이 그 모형(틀)임—롬 8:29.

II. 생명 안에 있는 하나님의 구원의 목적
A. 믿는 이들로 하나님의 맏아들의 형상을 본받게 함—롬 8:29.
  1. 하나님의 맏아들의 형상을 본받는 것은 과정을 거치신 삼일 하나님과 변화된 세 부분의 사람의 연합인 하나님-사람의 형상을 본받는 것임.
    a. 육신이 되셨던 말씀이신 하나님의 영광스러운 형상을 본받음.
    b. 하나님의 체현이신 분의 낮아지신 형상을 본받음—빌 2:7-8.
    c. 신성한 속성을 인간의 미덕 안에서 표현한 하나님-사람의 생활을 삶.
  2. 그리스도의 죽음을 본받음으로 그리스도의 십자가에 못 박힘 아래에서 천연적인 생명을 부인하는 생활을 삶—빌 3:10하.
  3. 그리스도의 부활 능력에 의해 하나님의 영적인 생명의 실재를 살아냄—빌 3:10상.
  4. 생명 주는 영, 공기 같은 영이신 그리스도를 우리의 생명과 인격으로 취함—고전 15:45하, 롬 8:2, 갈 5:16, 25.
B. 생명 안에서 변화됨을 통하여 생명의 성숙에 도달함으로 신성한 영광 안에 있는 영화롭게 됨 안으로 이끌려짐.

III. 생명 안에 있는 하나님의 구원의 완결
   A. 생명의 성숙이 완결될 때 믿는 이들은 하나님의 의와 거룩 안에서 하나님과 완전히 같아짐—요일 3:2, 엡 4:24.
   B. 믿는 이들의 완결인 새 예루살렘과 영원토록 보좌에 앉아 계신 하나님이 신성한 영광 안에서 나타날 때 둘 다 완전히 똑같고 그 모양은 벽옥과 같음—계 4:3상, 21:11, 18상, 19하.

하나님은 우리의 생명이 되시기 위해 성육신되셔서 우리를 위해 구속을 성취하셨다. 그분은 죽고 부활하셨다. 부활 안에서 그분은 변형되어 생명 주는 영이 되셔서 우리 안에 들어오실 수 있게 되었다. 이와 같이 그분은 우리를 거듭나게 하셨고, 우리는 그분을 우리의 생명으로 우리 안에 영접했다. 이후에 우리가 해야 할 일은 이 생명이 우리 안에서부터 우리를 변화시키도록 허락해 드리는 것이다. 변화는 전적으로 영적인 신진대사에 속한 일이다. 우리 모두가 이러한 변화의 과정 안에 있음을 주님께 감사한다. 그러나 이 변화에는 목적이 있다. 변화의 목적은 무엇인가? 그것은 하나님의 맏아들의 형상을 본받는 것이다. 이 장에서 우리는 형상을 본받음에 관한 문제를 다룰 것이다.

I. 형상을 본받음의 정의―
형상을 본받음은 생명의 변화의 결과이며, 하나님과 사람을 연결한 하나님-사람이신 하나님의 맏아들이 그 모형(틀)임

형상을 본받음은 생명의 변화의 결과이며(고후 3:18), 하나님과 사람을 연결한 하나님-사람이신 하나님의 맏아들이 그 모형이다(롬 8:29). 형상을 본받음은 변화의 최종 결과이다. 여기에는 우리의 내적 요소와 본성의 변화가 포함되며, 또한 우리의 외적 형태의 변화도 포함된다. 그리하여 우리는 영광 안에 계신 하나님-사람, 예수 그리스도와 같은 형상을 갖게 되는 것이다.

하나님과 사람을 연결한 하나님-사람이신 하나님의 맏아들은 우리가 지금 본받고 있는 모형이다. 그리고 우리는 그분의 대량 생산이다. 우리 안에 있는 생명의 영의 법이 역사한 결과로, 생산품인 우리가 내적으로 또한 외적으로 변하게 된다.

II. 생명 안에 있는 하나님의 구원의 목적

A. 믿는 이들로 하나님의 맏아들의 형상을 본받게 함

생명 안에 있는 하나님의 구원의 목적은 믿는 이들로 하나님의 맏아들의 형상을 본받게 하는 것이다(롬 8:29).

1. 하나님의 맏아들의 형상을 본받는 것은 과정을 거치신 삼일 하나님과 변화된 세 부분의 사람의 연합인 하나님-사람의 형상을 본받는 것임

하나님의 맏아들의 형상을 본받는 것은 과정을 거치신 삼일 하나님과 변화된 세 부분의 사람의 연합인 하나님-사람의 형상을 본받는 것이다. 성육신 이전에 하나님의 독생자이신 그리스도는 신성을 가지셨지만 인성은 갖지 않으셨다. 그리스도는 하나님과 동일하게 스스로 존재하시고 영원히 존재하시는 분이시다. 그러나 그분은 부활 이후로 신성과 인성 둘 다를 소유한 하나님의 맏아들이 되셨다.

이 하나님-사람은 과정을 거치신 삼일 하나님과 변화된 세 부분의 사람의 연결이다. 그분은 하나님이자 사람이시다. 지금 하나님은 과정을 거치셨고 사람은 변화되었다. 이 둘을 함께 연결시키므로 그리스도는 하나님-사람이 되셨고 우리는 이 하나님-사람의 형상을 본받고 있다. 우리가 하나님의 맏아들의 형상을 본받을 때 한 면에서 육신 되셨던 말씀이신 하나님의 영광스러운 형상을 본받는 것이며 다른 한 면에서 하나님의 체현이신 분의 낮아지신 형상을 본받는 것이다(빌 2:7-

8). 이와 같이 우리는 하나님-사람의 생활, 인간의 미덕 안에서 신성한 속성을 표현하는 삶을 살게 된다.

태초에 그리스도는 하나님의 형상을 가지셨고 하나님의 영광스러운 존재의 본질과 본성을 가지고 계셨다. 그러나 그리스도가 사람의 모양이 되시고 인성의 상태 안으로 들어오셨을 때 그분은 하나님을 체현한 낮아진 사람의 모습이셨다. 한면에서 하나님이신 그분은 영광스러웠다. 그러나 다른 면에서 사람이신 그분은 낮아지셨다. 그리스도는 이 두 방면을 함께 연결시키셨다. 그분이 이 땅에 계신 동안 때때로 영광스러웠다. 왜냐하면 그분이 하나님이시기 때문이다. 그러나 많은 경우 그분이 말씀하실 때 사람들은 거기서 많은 영광을 보지 못했을 것이다. 그러나 그들이 들은 그분의 말씀은 참으로 영광스러웠다. 우리가 마태복음 5장부터 7장까지 그리고 요한복음 14장부터 17장까지를 읽어보면 이 사람이신 주 예수가 매우 위대한 분임을 느끼게 된다. 그분의 지혜와 언변은 형언할 수 없다. 우리는 "영광, 영광, 영광 할렐루야!"라고 말할 수 밖에 없다. 그분은 사람으로서 말하셨지만 그분의 말씀을 통하여 표현된 것은 영광이었다. 거기에서 말씀하신 분은 나사렛 예수가 아닌가? 그렇다. 그분은 초라한 나사렛 출신의 예수였다. 그러나 하나님의 말씀인 그분의 말씀은 영광으로 가득했다. 그분의 말씀은 위대하고 높고 영광스러웠지만, 이러한 말씀을 겸손하고 낮아지신 작은 예수께서 말하신 것이다. 이것은 얼마나 놀라운가!

우리가 본받고 있는 형상은 이와 같은 것이다. 이 형상 안에는 사람이 있고 또한 하나님이 있다. 영광이 있고 또 낮아짐도 있다. 우리 자신으로는 이것을 이룰 수 없다. 우리는 우리의 생명 되시어 우리를 구원하시는 이 놀라운 분이 필요하다. 그분은 우리로 이 같은 형상을 본받게 하여 하나님-사람의 생활, 인간의 미덕 안에서 신성한 속성을 표현하는 생활을 살게 하신다.

　나는 이 부분에 대해 좀더 말하고 싶다. 내가 어렸을 때, 6월 달이면 북부의 중국인들은 간식의 일종인 "치아쿠"라는 것을 만들었다. 그들은 물고기, 닭, 새, 호랑이, 사자, 표범, 아기 모양이 각각 새겨진 널판을 사용했다. 일곱 개의 조각은 이 간식이 만들어지는 일곱 개의 틀이었다. 사람들은 밀가루를 반죽하여 각 틀을 밀가루 반죽으로 채웠다. 다 구워지면 틀에서 작은 물고기, 작은 닭, 작은 새, 작은 호랑이, 작은 사자, 작은 표범, 작은 아기 모양의 빵이 나오게 된다. 이것이 형상을 본받음이다. 처음의 밀가루 반죽은 코도 눈도 없는 단지 덩어리에 불과하여 분명한 모양이 없다. 그러나 그 반죽이 틀에 들어가고 구워질 때 그것은 단지 밀가루 덩어리가 아니라 여러 모양으로 구워진 일곱 조각의 빵이 된다. 이러한 과정을 통해 밀가루 반죽은 맛있는 간식이 된다. 그러나 이러한 형태의 틀은 외적인 모양만 같게 만들 뿐이다.

　과일나무는 사과, 복숭아, 살구, 바나나, 파파야 같은 열매들은 맺는다. 이렇게 다양한 과일나무는 여러 종류의 과일을 맺기 위해 틀을 필요로 하지 않는다. 사과나무는 사과 모양의 열매를 맺었고 수천 년 동안 사과의 모양은 변하지 않았다. 마찬가지로 배나무는 배를 맺는다. 배나무는 우리의 염려나 교훈이나 배 모양의 틀을 필요로 하지 않는다. 열매의 모양은 나무의 생명 요소 안에 있는 것이다. 배나무의 생명 요소는 배이다. 그러므로 배는 자동적으로 배를 맺게 된다.

　사람의 잉태를 생각해 보자. 태아가 어머니의 자궁에 잉태될 때 거기에는 어떤 틀이 없다. 그러나 태아가 자라면서 귀가 생기고, 눈, 코가 생기고, 몸의 각 부분이 자라나 결국 남자 아기 또는 여자 아기가 된다. 비록 태아에게 외적인 틀이 없지만 합당한 모양으로 자라게 된다. 생명체의 모양은 어떤 외적 틀에 의해 결정되지 않고 생명체의 유전자로부터 발생한다. 유전자가 무엇인가? 우리는 유전자가 하나님이 우리를 창조하실 때 우리에게 주신 생명의 내적인 "틀"이라고 말할 수 있다. 이 생명의 틀은 외적인 것이 아니고 모방에 의해 생기지 않는다. 오히려 이 틀은 생명 요소 안에 담겨 있다. 여러 과일나무는 그들의 내재적인 생명 요소에 따라 다른 과일을 맺는 것이다.

오늘날 그리스도를 믿는 우리는 사람의 생명과 신성한 생명을 모두 갖고 있다. 이 신성한 생명은 우리 사람의 생명을 변화시킬 수 있다. 이것은 애벌레가 나비로 변화되는 것에 비유될 수 있다. 애벌레는 나비가 될 때까지 계속 자라고 자란다. 결국 처음의 애벌레에서 남는 것은 텅 빈 고치뿐이다. 우리는 내적으로는 죄인이고 외적으로는 범죄자이다. 우리는 애벌레와 같은 자들이다. 그러나 얼마의 시간이 지나면 나비로 변화될 것이다. 오늘날 우리는 애벌레와 같지만 우리 안에 하나님의 생명을 가지고 있다. 하나님은 우리 안으로 들어오신 그날 이후로 날마다 우리를 변화시키고 계신다. 우리 안에서 하나님의 변화의 역사는 매우 깊고 섬세하다. 그러므로 애벌레가 나비로 변화되는 것같이 빠를 수는 없다.

안에서부터 우리를 변화시키시는 분은 다만 하나님이실 뿐 아니라 하나님-사람이시다. 이 하나님-사람은 성육신되시고 십자가에서 죽으시고 옛 창조를 끝내신 후 부활 안으로 들어가신 하나님 자신이시다. 부활 안에서 그분은 생명 주는 영이 되셨다. 생명 주는 영은 여러 과정을 통과하신 하나님이시다. 하나님께서 이 모든 과정을 통과하시지 않았다면 우리 안에 들어오실 수 없었을 것이다. 지금 하나님은 이 모든 과정을 통과하셨다. 그러므로 공기처럼 그분이 우리 안에 들어오시는 것은 아주 쉽다. 그분은 우리 안에 들어오신 후에 우리 안에서 변화의 역사를 하신다. 그분의 역사는 우리를 교정하는 것이 아니다. 자주 우리는 도덕에 관한 옛 관념 때문에 우리 안에서 성령이 우리를 교정하고 있다고 생각한다. 우리가 나쁜 성질을 가지고 있다면 우리가 나쁜 성질을 갖지 않도록 성령이 우리를 교정하는 것이 필요하다고 생각한다. 이것이 우리의 관념이다. 이러한 관념은 이단적인 것은 아니지만 분명 잘못된 가르침이다. 이것은 공자의 가르침의 영향을 받은 것이다. 이것은 중국 철학자들과 공자 제자들의 관념이지 성경의 가르침이 아니다. 성경은 사람은 타락으로 인해 죄인과 범죄자가 되었다고 말한다. 어느 날 거룩과 의와 사랑과 빛이신 하나님이 성육신과 죽음과 부활의 과정을 거쳐 생명 주는 영이 되셨다. 이제 그분은 우리 안에 들어오실 수 있다. 그분이 우리 안에 들어오실 때 우리의 내적 존재를 매일 변화시키는 어떤 요인과 요소를 가지고 우리 안에 들어오셨다. 그러므로 바울은 빌립보서 1장 19절에서 "예수 그리스도의 영의 넘치는 공급으로 내 구원에 이르게 할 줄 아는 고로"라고 말했다.

주 예수님은 육신되어 인성을 입으신 하나님이시다. 원래 그분은 단지 하나님이셨지만 지금은 성육신을 통해 인성을 입으심으로 하나님-사람이 되셨다. 그분의 지혜와 주권으로 하나님은 십자가를 계획하고 준비하셨고 이 십자가 위에서 하나님-사람 예수는 못 박히셨다. 하나님으로서 그분은 죄가 없고 거룩하시기 때문에 십자가에서의 죽음을 통해 그분의 신성한 생명을 해방하셨다. 그러나 그분은 또한 사람이시기 때문에 십자가에서의 죽음을 통해 그분에게 매달려 있던 우주의 모든 소극적인 것들, 죄, 허물, 사탄, 육체, 정욕, 세상 모두 그분과 함께 십자가에 못 박혔다. 그 후에 그리스도는 죽음으로부터 나오신 후 부활 안으로 들어가셨다. 그리고 부활 안에서 그분은 생명 주는 영이 되셨다. 하나님이 이러한 과정을 통과하셨기 때문에 지금 이 생명 주는 영 안에는 하나님, 사람, 만유를 포함한 죽음, 죽음의 효능이 있다. 이 죽음 안에서 죄가 처리되었고 세상과 사탄이 심판받았으며 육체와 정욕이 종결되었다. 더욱 이 영 안에는 신성한 생명, 영원한 생명, 피조되지 않은 생명을 해방하는 부활의 능력이 있다.

　이 영은 만유를 포함한 생명 주는 영이다. 다음의 예를 들어 보겠다. 나는 꿀과 약간의 소금을 탄 레몬 주스를 마시고자 한다. 먼저 나는 한 잔의 물에다가 레몬을 넣고 약간의 꿀을 탄 다음 마지막으로 소금 약간을 더한다. 결국 이 잔에는 물과 레몬과 꿀과 소금이 있게 된다. 내가 이 음료수를 마실 때 물과 레몬과 꿀과 소금을 먹게 된다. 원래 하나님의 영은 순수한 물과 같았다. 하나님이 성육신되셨을 때 인성이 신성에 더해졌다. 그리고 그분은 십자가에서 못 박히셨고 이것으로 인해 십자가의 죽음 또한 하나님의 영에 더해졌고 죽음의 효능 또한 이 영 안에 포함되었다. 그리고 나서 그분은 부활 안으로 들어가셨고 부활의 능력 또한 이 영 안에 있게 되었다. 지금 우리를 거듭나게 한 그 영이 이러한 영이시다. 그분이 우리를 거듭나게 하셨을 때 우리 안에 살기 위해 우리에게 오셨다. 이 만유를 포함한 영은 그분의 완전하고 충만한 신성과 온전한 인성을 가지신 과정을 거치신 삼일 하나님을 포함한다. 게다가 이 영은 죽음의 효능을 가진 죽음과 부활의 능력을 가진 부활을 가지고 있다. 이 만유를 포함한 영은 그리스도이며, 그리스도는 하나님이시다. 하나님은 성육신되어 그리스도가 되셨고, 그리스도는 변형되어 그 영이 되셨고, 그 영은 이 모든 요소를 가지고 우리 안으로 오셨다.

　우리가 아침에 일어나 우리 안에 계신 주님과 교통하며 그분의 이름을 부를 때마다 실재의 영이신 주님께서 우리 속에 공급하신다. 하나님은 그리스도이시고 주이시며 그 영이다. 그분은 우리 안에 계신다. 우리는 그분의 공급을 받을 때마다 만족되고 높여진다. 우리는 우리 안에 있는 나쁜 성질과 빠른 기질 같은 소극적인 것들을 죽이며 풍성한 생명을 우리에게 공급하는 내적인 역사를 느끼게 된다. 이것이 신진대사적인 변화이다. 이러한 변화의 결과로 우리는 주 예수의 형상을 본받게 된다. 주 예수께서는 하나님이자 사람이시며 죽음과 부활을 통과하신 분이시다. 마찬가지로 우리 또한 하나님이자 사람이며 죽음과 부활을 통과했다. 삼일 하나님과 세 부분인 사람의 연합이 바로 우리이다. 그러므로 우리는 죽었고 지금 살고 있다.

우리는 지금 하나님-사람, 하나님의 맏아들의 형상을 본받고 있다. 그분은 맏아들이시고 우리는 많은 아들들이다. 이와 같이 우리는 하나님의 모든 풍성을 누린다.

2. 그리스도의 죽음을 본받음으로 그분의 십자가에 못 박히심 아래 천연적인 생명을 부인하는 생활을 삶

더 나아가 하나님의 맏아들의 형상을 본받는 것은 그리스도의 죽음을 본받음으로 그분의 십자가에 못 박히심 아래 천연적인 생명을 부인하는 생활을 사는 것이다(빌 3:10하). 그리스도의 형상을 본받기 위하여 우리는 먼저 그분의 죽음을 본받을 필요가 있다. 우리가 죽음 안에 계신 그분과 같지 않다면 그분과 같아질 수 없을 것이다. 그러므로 빌립보서 3장 10절은 우리가 그분의 죽으심을 본받으므로 그분의 고난의 교통 안에 있어야 한다고 말한다. 그분이 고난당하셨고 우리 또한 그분과 함께 고난당한다. 이것이 그분의 고난의 교통 안에 있는 것이다. 이렇게 우리는 그분의 죽음의 틀을 본받는다. 그리스도의 죽음의 틀은 그리스도의 십자가에 못 박히심 아래 우리의 천연적인 생명을 부인하는 생활을 사는 것이다. 매일의 생활에서 우리는 천연적인 생명으로 어떤 것도 해서는 안 된다. 오히려 모든 것에서 우리의 천연적인 생명을 부인해야 한다. 이것이 죽음을 우리 자신에게 적용하는 것이다. 우리 안에는 하나의 틀이 있는데 이 틀은 죽음, 곧 우리의 천연적인 생명을 부인하는 것이다.

하나님의 맏아들의 형상에는 죽음의 요소, 그분 자신의 생명을 부인하는 것이 있다. 그분이 이 땅에서 사셨을 때, 매 순간 그분 자신의 생명을 부인하시고 대신에 아버지의 생명에 의해 사셨다. 비록 그분의 십자가가 이 땅에서 그분의 여행의 종착역이었지만, 그분은 인생 33년 반 내내 자신을 부인하고 아버지의 생명에 의해 사심으로 십자가의 죽음 아래에서 사셨다. 이것이 또한 만유를 포함한 영 안에 있는 위대한 요소이다. 사랑의 문제에 있어서도 우리는 물어보아야 한다. "주님, 사랑하는 자가 나입니까? 아니면 당신이 내 안에서 나로부터 나를 통하여 사랑하시는 것입니까?" 우리가 자신에 의해 사랑한다면 이것은 우리의 천연적인 생명에 의한 사랑이며 죽음과 부활이 없는 것이다. 우리가 천연적인 생명을 부인하고 그리스도에 의해 산다면 "내가 그리스도와 함께 십자가에 못 박혔나니 그런즉 이제는 내가 산 것이 아니요 내 안에 그리스도께서 사신 것이라"(갈 2:20)고 말한 사도 바울의 말과 일치하는 자가 될 것이다. 이것이 바로 그리스도의 죽음을 본받는 것이다.

3. 그리스도의 부활 능력에 의해 하나님의 영적인 생명의 실제를 살아냄

하나님의 맏아들의 형상을 본받는 것은 그리스도의 부활 능력에 의해 하나님의 영적인 생명의 실제를 살아내는 것이다(빌 3:10상). 그리스도의 부활 능력은 죽은 자 가운데서 그분을 일으키신 생명이다. 그리스도의 이 능력을 알고 체험하기 위해서는 그리스도의 죽음에 연결되고 그 죽음을 본받아야 한다. 그분이 사셨던 것처럼 우리도 십자가의 생활을 사는 것이 필요하다. 우리가 그분의 죽음을 본받을 때 그분의 부활 생명이 일어나 그분의 신성하고 영적인 생명이 우리를 통하여 실제적으로 표현될 것이다.

4. 생명 주는 영, 공기 같은 영이신 그리스도를 우리의 생명과 인격으로 취함

하나님의 맏아들의 형상을 본받는 것은 생명 주는 영, 공기 같은 영이신 그리스도를 우리의 생명과 인격으로 취하는 것이다(고전 15:45하, 롬 8:2, 갈 5:16, 25).

B. 생명 안에서 변화됨을 통하여 생명의 성숙에 도달함으로 신성한 영광 안에 있는 영화롭게 됨 안으로 이끌려짐

생명 안에 있는 하나님의 구원의 목적은 생명 안에서 변화됨을 통하여 생명의 성숙에 도달함으로 신성한 영광 안에 있는 영화롭게 됨 안으로 이끌려지는 것이다(엡 4:13하, 골 1:28, 롬 8:30, 히 2:10상). 영화롭게 됨은 우리가 이끌려 들어가는 문제이다. 고린도후서 3장 18절에 따르면 우리의 변화는 영광에서 영광으로 이르는 것이다. 변화는 영광의 노정이며, 한 단계의 영광에서 또 다른 단계의 영광으로 증가된다. 우리가 이러한 종류의 변화를 다 통과할 때 그 결과가 형상을 본받음이다. 형상을 본받음은 영화롭게 됨에 매우 가까이 있고 우리를 영화롭게 됨 안으로 이끌어 준다.

III. 생명 안에 있는 하나님의 구원의 완결

A. 생명의 성숙이 완결될 때 믿는 이들은 하나님의 의와 거룩 안에서 하나님과 완전히 같아짐

생명 안에 있는 하나님의 구원의 완결은 믿는 이들이 생명 안에서 완전히 성숙되어 하나님의 의와 거룩 안에서 하나님과 완전히 같아지는 것이다(요일 3:2, 엡 4:24). 에베소서 4장 24절은 "하나님을 따라 의와 진리의 거룩함으로 지으심을 받은 새 사람을 입으라"고 말한다. 새사람을 입는 것은 순간적으로 이루어지는 것이 아니라 점진적으로 이루어진다. 우리는 옛사람을 벗고 새사람을 입어야 한다. 우리가 옛사람을 벗어버리는 것도 점진적인 것이다. 우리의 옛 기질과 습관이 한번에 완전히 벗어지리라고 생각하지 말라. 우리 안에 계신 성령은 인내가 많으시다. 우리는 새롭게 되고 변화된 생각의 영 안에서 새사람을 입는다. 새사람은 하나님의 형상을 따라 창조되었고, 하나님의 형상은 하나님의 의와 거룩을 뜻한다. 우리가 옛사람을 벗고 새사람을 입을수록 하나님의 의와 거룩 안에서 그분과 더욱 같아질 것이다. 이전에 우리는 어떤 것을 살 수 있었으나 지금은 그렇게 할 수 없다. 우리는 더 이상 이전에 갔던 곳을 갈 수 없다. 우리가 이전에 입었던 어떤 옷은 지금 우리가 입기에 적합한 스타일이 아님을 알게 된다. 집에 있었던 어떤 장식품이나 그림을 지금은 더 이상 장식으로 걸어놓을 수 없다. 이것이 우리의 실제적인 생활에서 하나님의 의와 거룩을 표현하는 것이다. 우리가 새사람을 더 입을수록 우리의 생활에서 하나님의 의와 거룩의 형상을 더 나타내게 된다.

B. 믿는 이들의 완결인 새 예루살렘과 영원토록 보좌에 앉으시는 하나님이

신성한 영광 안에서 나타날 때 서로는 완전히 똑같고 둘의 모양은 벽옥과 같음

생명 안에 있는 하나님의 구원의 궁극적인 완결은 믿는 이들의 완결인 새 예루살렘과 영원토록 보좌에 앉으시는 하나님이 신성한 영광 안에서 나타나는 것이다. 이때 서로는 완전히 똑같고 둘의 모양은 벽옥과 같을 것이다(계 4:3상, 21:11, 18상, 19하). 새 예루살렘은 구속받은 믿는 이들인 우리의 완결이다. 새 예루살렘의 전체 성벽은 벽옥이다. 벽옥이 성벽의 형상이다. 계시록 4장 3절은 보좌에 앉으신 분의 모양이 벽옥과 같다고 말한다. 그러므로 새 예루살렘과 보좌에 앉으신 하나님 둘 다 모양에 있어서 같다. 이것이 형상을 본받음의 완결인 단체적인 새 예루살렘이다. 새 예루살렘은 보좌에 앉으신 하나님과 정확히 똑같다. 보좌에 앉으신 분은 벽옥이고 우리 또한 벽옥이다. 벽옥의 색은 초록색이고 그 빛은 밝다. 이것은 우리가 하나님과 똑같이 생명 안에서 밝음을 의미한다. 우리의 행함과 생활에 있어서 우리는 하나님과 같이 의롭고 거룩하다. 본질에 있어서 우리는 하나님과 같이 매우 밝고 생명으로 충만한 벽옥이다. 이것이 형상을 본받음의 완결이다.

제 4 장

생명 안에 있는 하나님의 구원의 네 번째 단계 - 영화롭게 됨

성경

히 2:10상
만물이 인하고 만물이 말미암은 자에게는 많은 아들을 이끌어 영광에 들어가게 하시는 일에 …

벧전 5:10상
모든 은혜의 하나님 곧 그리스도 안에서 너희를 부르사 자기의 영원한 영광에 들어가게 하신 이가 …

고후 3:18하
… 저와 같은 형상으로 화하여 영광으로 영광에 이르니 곧 주의 영으로 말미암음이니라

롬 8:30
또 미리 정하신 그들을 또한 부르시고 부르신 그들을 또한 의롭다 하시고 의롭다 하신 그들을 또한 영화롭게 하셨느니라

개요

I. 영화롭게 됨의 정의
   A. 객관적으로 영화롭게 됨은 구속받은 믿는 이들이 하나님의 영광 안으로 이끌려져 하나님의 영광에 참여하는 것임—히 2:10상, 벧전 5:10상.
   B. 주관적으로 영화롭게 됨은 성숙된 믿는 이들이 생명의 성숙으로 인하여 생명의 성숙의 요소인 하나님의 영광이 그들 안에서부터 나타나는 것임—롬 8:17-18, 21, 고후 4:17.
   C. 거듭남은 우리 영 안에서 성취된 것이며, 변화는 우리 혼을 통하여 이루어지며, 영화롭게 됨은 우리 몸 안에서 완결됨—요 3:6하, 롬 12:2하, 8:23, 30.

II. 하나님의 영광의 참된 의미
   A. 하나님의 영광은 하나님 자신임—렘 2:11.
   B. 하나님의 나타남이 하나님의 영광임—행 7:2.

III. 믿는 이들의 영화롭게 됨의 실재
   A. 믿는 이들의 영화롭게 됨은 그들이 하나님 자신을 얻는 것임.
   B. 믿는 이들이 하나님의 영광 안으로 들어가 하나님의 영광에 참여하는 것은 그들이 하나님 자신 안으로 들어가 하나님 자신을 누리는 것임.
   C. 오늘날 믿는 이들이 신성한 생명 안에서 변화되는 것은 하나님이 믿는 이들 안에서 영광으로 표현되는 것임. 그러므로 매일의 변화는 영광에서 영광으로 이르는 것임—고후 3:18하.

D. 믿는 이들이 생명 안에서 변화됨으로 들어가게 될 영광의 최종 단계는 그들이 영화롭게 되는 것임. 즉, 믿는 이들은 그들의 몸이 구속됨으로 하나님의 영광 안으로 들어가 영광이신 하나님을 충만하게 누리게 됨—롬 8:21, 23, 30.

IV. 영화롭게 됨은 생명 안에 있는 하나님의 구원의 궁극적인 완결임
 A. 믿는 이들이 영화롭게 됨에 도달하는 것은 하나님의 생명 안에서 성숙의 정점에 도달하는 것임.
 B. 믿는 이들이 영화롭게 됨의 고봉에 도달하는 것은 생명 안에 있는 하나님의 구원의 정점에 도달하는 것임.

V. 믿는 이들의 영화롭게 됨은 하나님의 갈망을 만족시키도록 하나님의 경륜을 성취하는 것임
 A. 믿는 이들의 영화롭게 됨의 충만한 표현은 장차 영광 안에서 나타날 새 예루살렘임—계 21:10-11.
 B. 새 예루살렘은 하나님이 인성 안에서 사람이 되시고 사람이 신성 안에서 하나님의 형상을 본받은 것을 영원토록 완전히 표현함.
 C. 새 예루살렘은 하나님이 갈망하시고 그분의 마음이 기뻐하는 것이며, 또한 하나님이 그분의 선한 기뻐하심 안에서 기다리고 계시는 것임.

찬송가 763, 764, 768장(한국복음서원 찬송가)은 모두 우리의 영광의 소망이신 그리스도에 관한 것이다. 764장의 각 절은 다음과 같다.

    1. 감추었던 비밀 나타났으니
       실재이신 그리스도일세 성육신된 예수
       내 생명 됐네 그는 우리 영광의 소망

    2. 내 영 안에 오신 주 그리스도
       이제 내 혼 변케 하시네 그가 우리 몸도
       변화시키리 주와 같은 형상되도록

    3. 사신 주님 매일 접촉할수록
       주의 성분 더해져가네 내 각 부분 주의
       형상 되도록 항상 깨어 주를 누리리

(후렴) 영광 영광 주는 내 생명 영광 영광 영광의 소망
       우리 안에 계신 그리스도가 비밀일세 영광의 소망

768장은 하나님의 중심 사상에 관한 찬송이다.

    1. 하나님의 중심 뜻 사람과 연결하여
       그가 모든 것 되어 계획 성취함일세

    9. 주는 사람 안에서 사람은 주 안에서
       사람 안엔 하나님 사람은 주의 표현

오늘날 하나님은 사람 안에 계시고 사람은 하나님 안에 있다. 이같이 하나님과 사람은 상호 거처를 소유하고 있다. 하나님은 사람의 내용이고 사람은 하나님의 표현이다.

지금 우리는 하나님의 갈망과 의도가 사람의 생명이 되시는 것임을 알고 있다. 하나님의 중심 뜻은 그분이 사람과 하나 되는 것이다. 하나님은 그분의 계획을 성취하도록 사람에게 모든 것이 되기를 원하신다. 그러므로 하나님은 직접 성육신을 통해 사람이 되셔서 구속을 성취하셨다. 그리고 부활 안으로 들어가셔서 그분의 신성한 생명을 해방하셨다. 부활 안에서 그분은 생명 주는 영이 되셨다. 이 생명 주는 영이 우리 안에 오셔서 우리를 거듭나게 하셨다. 우리를 거듭나게 하신 후 그분은 우리의 영 안에 거하시며, 그때로부터 계속 우리 영으로부터 밖으로 확장되기를 원하신다. 그분은 우리의 생각과 감정과 의지를 포함한 혼의 각 부분에 침투하여 우리 전 존재를 하나님 안으로 변화시키기를 원하신다. 우리의 생각이 하나님의 생각 안으로, 우리의 감정이 하나님의 감정 안으로, 우리의 의지가 하나님의 의지 안으로 변화되기를 원하신다. 그럴 때 우리는 하나님-사람이 된다. 그러나 우리에게는 여전히 변화되지 않은 부분이 있는데 그것이 우리의 몸이다. 구원받은 후 우리에게 가장 큰 골칫거리는 오늘날 우리의 몸이며, 이 몸이 다루기가 가장 어려운 부분이다.

그러나 주님은 우리에게 약속을 주셨는데, 이 약속은 그분이 오셔서 우리의 몸을 변형시키시리라는 것이다. 이것이 변화의 세 번째 부분으로 우리의 몸을 영광 안으로 이끄는 것이다. 영광은 표현된 하나님이다. 그러므로 영광 안으로 이끌려지는 것은 하나님 자신 안으로 이끌려져 하나님을 충만하게 누리는 것이다. 이것이 변화의 고봉이며 완결이다. 우리가 하나님과 같아지는 정도까지 변화되는 것이다. 우리가 하나님의 인격, 즉 신격에 참여하지 않는다는 사실을 제외하고 우리는 그분의 생명과 본성과 외적 표현인 영광 안에서 그분과 똑같이 된다. 이것은 하나님의 거룩한 말씀 안에 분명히 계시되어 있다.

오늘날 하나님은 우리 안에 있는 하나의 비밀이지만 장래 이 비밀은 영광이 될 것이다. 하나님은 우리 영 안에 계시고, 우리의 영은 하나님으로 충만하다. 우리 영 안에 계신 하나님은 매일 우리 혼을 적시시며, 날마다 우리 영으로부터 퍼져 나가신다. 그분은 우리와 논쟁하지 않으신다. 우리가 동의하면 그분은 오시며, 우리가 동의하지 않아도 그분은 오신다. 그분은 우리 전 존재를 적시실 뿐 아니라 우리 영으로부터 밖으로 퍼져나가신다. 우리 안에 내주하시는 하나님은 우리와 논쟁하지 않으신다. 그분만이 유일한 "이다"이시다. 우리는 아무것도 아니다. 우리는 감소해야 하고 그분은 증가하셔야 한다. 그럴 뿐만 아니라, 그분이 오신 후에는 우리 혼자 가게 하지 않으신다. 그분은 우리가 그분과 함께 머물기를 원하신다. 하나님은 우리 영 안에 계시며 또한 우리의 생각과 감정과 의지를 점유하기 위해 매일 역사하고 계신다. 그분은 우리 존재 각 부분 안에 계신다.

그러므로 우리는 다음과 같은 찬송을 부르는 것이다. "오 주여 내 각 부분에 흐르고 흘러넘치어 / 내 전체 주의 성분 돼 영광의 빛 비추소서(한국복음서원 찬송가 370장 8절)". 이 찬송의 의미는 우리 영 안에 하나님이 계시고, 우리의 혼 전체 또한 하나님으로 점유되었다는 것이다. 이와 같이 우리는 하나님-사람이다. 오늘날 우리에게 부족한 것은 우리 몸의 변형이다. 그러나 우리에게는 어느 날 주님이 오셔서 우리의 몸을 변형시키고 우리는 하나님 안으로 완전히 들어가리라는 영광스러운 소망이 있다. 그때, 우리는 안팎으로 하나님의 생명과 하나님의 본성과 하나님의 영광스러운 표현을 갖게 될 것이다. 더욱 우리는 하나님 안에 있게 될 것이다. 이것이 성경의 중심 계시이다.

　이 집회에서 나의 유일한 부담은 여러분에게 생명 안에 있는 하나님의 구원을 보여 주는 것이다. 생명 안에 있는 하나님의 구원의 첫 번째 단계는 우리를 거듭나게 하는 것이다. 두 번째 단계는 우리의 혼을 변화시키는 것이다. 세 번째 단계는 우리를 안에서부터 하나님의 맏아들의 형상을 본받게 하는 것이다. 하나님의 맏아들은 비밀스럽다. 그분은 하나님이시지만 인성 안으로 들어오심으로 인성을 입으셨고, 십자가에서 죽으심으로 소극적인 모든 것을 끝내고 신성한 생명을 해방하셨다. 그 후 그분은 부활하셔서 생명 주는 영이 되셨다. 이 생명 주는 영은 지금 우리 안으로 들어오셨다. 이러한 분이 바로 하나님의 맏아들이며, 하나님은 우리를 이러한 하나님의 맏아들의 형상을 본받게 하신다. 하나님의 맏아들 안에는 하나님이 있을 뿐 아니라 사람도 있다. 또한 죽음과 죽음의 효능이 있으며, 부활과 부활의 능력이 있다. 그분 안에는 모든 것이 있다. 지금 이렇게 만유를 포함한 분이 우리 안에서 살고 계신다. 여러분은 하나님을 원하는가? 하나님이 여기에 계신다. 여러분은 높여진 인성을 원하는가? 이것 또한 여기에 있다. 우리가 하나님을 소유하고 하나님으로 하여금 우리 속을 변화시키시도록 허락해 드린다면 우리는 참으로 가장 뛰어난 사람이 될 것이다. 우리는 하나님을 가질 뿐 아니라 높여진 인성도 가지고 있다. 모든 믿는 이들은 그리스도-사람이며, 그리스도-사람은 하나님-사람이다. 우리의 영 안에 하나님이 계시고, 우리의 혼, 생각 감정 의지 안에도 하나님이 계시다. 우리의 전 존재가 하나님이다. 지금 우리는 생명 안에 있는 하나님의 구원의 네 번째 단계인 우리 몸의 변형과 영화롭게 됨을 기다리고 있다.

I. 영화롭게 됨의 정의

A. 객관적으로 영화롭게 됨은 구속받은 믿는 이들이 하나님의 영광 안으로 이끌려져 하나님의 영광에 참여하는 것임

 객관적으로 영화롭게 됨은 구속받은 믿는 이들이 하나님의 영광 안으로 이끌려져 하나님의 영광에 참여하는 것이다(히 2:10상, 벧전 5:10상). 이것이 영화롭게 됨의 객관적인 정의이다. 오늘날 하나님의 영광은 저 멀리 하늘에 있고 구속받은 우리는 땅 위에 있어 하나님의 영광은 우리가 다가갈 수 없는 아주 먼 곳에 있는 것 같다. 때때로 우리는 하나님의 영광에서 아주 멀리 떨어져 있다고 느낀다. 그러나 이러한 느낌이 완전히 정확한 것은 아니다.

B. 주관적으로 영화롭게 됨은 성숙된 믿는 이들이 생명의 성숙으로 인하여 생명의 성숙의 요소인 하나님의 영광이 그들 안에서부터 나타나는 것임

 주관적으로 영화롭게 됨은 성숙된 믿는 이들이 생명의 성숙으로 인하여 생명의 성숙의 요소인 하나님의 영광이 그들 안에서부터 나타나는 것이다(롬 8:17-18, 21, 고후 4:17). 이것이 영화롭게 됨의 주관적인 정의이다. 우리는 주관적인 영화롭게 됨을 다음의 예를 들어 설명할 수 있다. 정원의 꽃이 자라기 시작할 때, 그것은 단지 작고 연한 싹에 불과하다. 그러나 그것이 자라면 자랄수록 더 성숙하게 되며, 점차적으로 꽃이 봉우리가 맺히기 시작한다. 이 식물에 계속 물을 주면 더 자라게 되어 결국 꽃이 피게 된다. 꽃이 완전히 필 때 이것이 영화롭게 됨이다. 꽃의 영광은 밖에서 오는 것이 아니다. 오히려 꽃의 영광은 안에서부터 밖으로 자라는 것이다. 그러므로 우리는 한 면에서 그리스도께서 오셔서 우리를 영화롭게 하리라는 영광의 소망을 가지고 있다. 이것은 객관적인 것이다. 또 한 면에서 우리는 주님의 형상 안으로 변화되므로 영광 위에 영광을 더하고 영광에서 영광으로 이른다(고후 3:18). 이것은 우리 위에 내려오는 영광이 아니다. 오히려 이것은 우리 안에서부터 밖으로 자라는 것이다. 봄철에 피는 아름다운 꽃 중 어느 것도 바깥에서 줄기 위로 내려온 것이 없다. 오히려 아름다운 꽃들은 식물 안에서부터 밖으로 자라난 것이다. 여러분이 주님을 사랑하고, 주님으로 여러분 안에 사시게 하고, 주님에 의해 산다면, 사람들이 여러분을 볼 때 하나님의 영광이 여러분 위에 있음을 볼 것이다. 이 영광은 객관적인 것이 아니라 주관적인 것이다.

우리가 영광 안으로 들어가는 것은 영화롭게 됨의 두 방면을 포함한다. 여러분이 주님에 의해 살지 않고 그리스도를 살지 않는다고 가정해 보자. 여러분은 원하는 것은 무엇이든지 다 행한다. 여러분이 행하는 것에 큰 죄는 없을지라도 작은 죄들은 매우 많을 것이다. 여러분이 이러한 그리스도인이라면 마음대로 성질을 내고 집에서는 가족들을 사나운 눈초리로 쳐다볼 것이고, 교회에서는 누구도 여러분을 다룰 수 없을 것이다. 이러한 사람 위에는 주님의 영광이 없을 것이며 이러한 사람 안에서 하나님의 영광을 전혀 볼 수 없을 것이다. 그러나 여러분이 그리스도가 오실 때 이러한 사람도 영화롭게 되고 영광 안으로 들어간다고 말한다면 나는 이렇게 말하겠다. 그렇다. 여러분은 주님이 다시 오실 때 영광 안으로 들어갈 것이다. 그러나 그 영광은 단지 아주 조그마한 영광일 것이다. 그러므로 고린도전서 15장 41절에서 사도 바울은 "해의 영광도 다르며 달의 영광도 다르며 별의 영광도 다른데

별과 별의 영광이 다르도다"라고 말한다. 어떻게 별의 영광을 해나 달의 영광에 비교할 수 있는가? 나는 주님이 다시 오실 때 바울의 영광은 아주 크지만 여러분의 영광은 보이지도 않는 작은 별과 같을까봐 두렵다. 여러분이 거기에서 영광스럽겠는가? 여러분은 그곳에서 영광스럽지 않을 것이다.

오늘날 여러분이 주님을 사랑하고 안에서부터 주님의 영광을 살아낸다면, 주님이 다시 오실 때 그분은 여러분을 가장 높은 단계의 영광 안에 두실 것이다. 그러나 여전히 옛 방식으로 행동하며 분을 내면서 다른 사람을 쳐다보고 잡담하고 마음대로 비평하며 비록 큰 죄를 범하는 것은 아닐지라도 습관적으로 작은 죄를 범하는데도, 주님이 다시 오실 때 여러분이 바울과 같이 영광스러울 것이라고 생각하는가? 영광은 주님이 주시는 것이지만 영광의 정도는 여러분이 결정하는 것이다. 분명 패배하여 영광 안으로 들어가지 못하는 부류의 사람이 있을 것이다. 그들은 어두운 곳으로 들어가 그곳에서 이를 갈 것이다.

오늘날 주님은 우리에게 은사를 주셨고, 그분은 우리가 이 은사를 사용하고 다른 이들에게 사역하기를 원하신다. 그럼에도 불구하고 우리 중 많은 이들이 이 땅에서 부주의하게 생활하며 그들의 은사를 사용하지 않는다. 주님은 그분이 다시 오실 때 우리가 그분 앞에서 회계할 것이라고 말씀하셨다. 그때 주님은 우리에게 "이 악하고 게으른 종을 바깥 어두운 데로 내어쫓으라"(마 25:26-30)고 말씀하실지 모른다. 그러므로 이 문제에 관하여 두 방면이 있다. 오늘날 가련한 기독교는 한 방면만 가르치면서 사람이 예수를 믿으면 그분의 보혈이 모든 책임을 짊어졌기 때문에 우리의 모든 죄가 용서받았다고 말한다. 이것은 틀린 것은 아니다. 그러나 주 예수님은 우리가 그분의 생명 안에서 살도록 우리의 죄를 용서하신 것이다. 여러분이 그분의 생명 안에서 살지 않는다면 주님은 이미 여러분을 용서하셨을지라도, 그분은 여전히 당신을 다루셔야만 한다. 주님은 다시 오실 때 여러분과 회계하실 것이다. 성경은 분명히 이것을 가르친다.

　더욱 고린도후서 4장 17절은 우리가 주님을 위하여 잠시 겪는 환난의 경한 것이 지극히 크고 영원한 영광의 중한 것을 우리에게 이루게 한다고 말한다. 오늘날 우리가 주님을 위해 겪고 있는 환난이 주님에게서 받을 영광의 무게를 증가시키고 있다. 로마서 8장 17절은 또한 우리가 주님과 함께 고난을 받으면 그분과 함께 영화롭게 될 것이고 말한다. 이 모든 구절은 장래 우리가 받을 영광의 정도는 오늘날 우리에게 달려 있다는 것을 입증한다.

　우리는 거듭난 것에 대하여 주님께 감사한다. 우리 안에는 우리의 생명과 생명 공급이신 하나님이 계신다. 우리는 매일 그분에게서 공급을 받아 신진대사적으로 변화되고 있다. 우리가 매일 이렇게 변화되는 것이 생명 안에서 자라는 것이다. 그리고 생명 안에서 자라는 것이 우리의 영화롭게 됨의 정도를 건축하는 것이다. 우리가 이 땅에서 주님의 영광을 살아내지 않는데, 어떻게 주님이 다시 오실 때 갑자기 그분의 영광을 우리 위에 두시리라고 기대할 수 있겠는가? 그러므로 오늘날 우리가 이 땅에서 하나님을 살아낸다면, 하나님은 우리 위에 임한 영광이 되신다. 그리고 그분이 다시 오실 때 "잘 하였도다 착하고 충성된 종아 … 네 주인의 즐거움에 참여하라"(마 25:23)고 우리에게 말씀하실 것이다. 이것이 영광 안으로 들어가는 것이다.

　나도 여러분과 같은 사람이다. 나에게도 자주 약함과 실패가 있다. 그러나 나는 항상 두려워하며 떤다. 어떤 일이 나에게 발생할 때, 나는 자주 주님 앞에서 이것이 주님이 원하시는 것인지를 고려한다. 주님이 우리에게 원하시는 것은 그분을 살아내는 것이다. 그분은 우리가 어려운 상황에서 그분을 살아내기를 원하시며 또한 평탄한 환경에서도 그분을 살아내기를 원하신다. 바울은 "내게 사는 것이 그리스도니"(빌 1:21상)라고 말했다. 또한 "나의 간절한 기대와 소망을 따라 아무 일에든지 부끄럽지 아니하고 오직 전과 같이 이제도 온전히 담대하여 살든지 죽든지 내 몸에서 그리스도가 확대되게 하려 하나니"(빌 1:20)라고 말했다. 이렇게 그리스도를 확대하는 것이 바로 영광이다.

C. 거듭남은 우리 영 안에서 성취된 것이며, 변화는 우리 혼을 통하여 이루어지며, 영화롭게 됨은 우리 몸 안에서 완결됨

거듭남은 우리 영 안에서 성취된 것이며, 변화는 우리 혼을 통하여 이루어지며, 영화롭게 됨은 우리 몸 안에서 완결된다(요 3:6하, 롬 12:2, 8:23, 30).

II. 하나님의 영광의 참된 의미— 하나님의 영광은 하나님 자신이며, 하나님의 나타남이 하나님의 영광임

하나님의 영광은 무엇인가? 하나님의 영광은 하나님 자신이며(렘 2:11), 하나님의 나타남이 하나님의 영광이다(행 7:2). 우리가 하나님을 살아낼 때, 이것이 하나님의 영광이다. 이것은 생명 안에서 성장하므로 밖으로 자라나는 영광이다. 아름다운 꽃이 피는 것은 위에서 내려오는 것이 아니다. 대신에 그것은 내적인 생명의 요소로부터 신진대사적으로 자라 나오는 것이다.

III. 믿는 이들의 영화롭게 됨의 실재

A. 믿는 이들의 영화롭게 됨은 그들이 하나님 자신을 얻는 것임

믿는 이들의 영화롭게 됨의 실재는 그들이 하나님 자신을 얻는 것이다. 하나님이 없다면 우리에게는 영광도 없다. 우리가 하나님을 얻으면 영화롭게 되는 것이다. 우리가 가지고 있는 하나님의 분량이 우리의 영광의 분량을 결정한다.

B. 믿는 이들이 하나님의 영광 안으로 들어가 하나님의 영광에 참여하는 것은 그들이 하나님 자신 안으로 들어가 하나님 자신을 누리는 것임

믿는 이들이 하나님의 영광 안으로 들어가 하나님의 영광에 참여하는 것은 그들이 하나님 자신 안으로 들어가 하나님 자신을 누리는 것이다. 하나님은 우리가 단지 전시할 수 있는 객관적인 큰 영광을 주시지 않는다. 하나님은 우리가 그분을 누리도록 그분 자신을 우리 안에 나타내신다. 우리가 하나님을 누리면 누릴수록, 우리 안에 하나님을 가지면 가질수록, 그분의 영광을 더 가지게 된다. 우리가 그분을 누리면 누릴수록, 영광으로 더욱 충만하게 된다. 여러분이 나이가 많든 적든, 부유하든 가난하든 상관없이 하나님을 누리고 체험하면 여러분은 다른 사람의 눈에 영광스럽게 보이게 된다. 여러분에게는 이것이 단순히 하나님을 누리는 것이지만 다른 이들에게는 하나님의 영광을 나타내는 것이다. 여러분은 하나님을 영화롭게 하며 하나님은 여러분을 통해 표현된다.

C. 오늘날 믿는 이들이 신성한 생명 안에서 변화되는 것은 하나님이 믿는 이들 안에서 영광으로 표현되는 것임. 그러므로 매일의 변화는 영광에서 영광으로 이르는 것임

오늘날 믿는 이들이 신성한 생명 안에서 변화되는 것은 하나님이 믿는 이들 안에서 영광으로 표현되는 것이다. 그러므로 매일의 변화는 영광에서 영광으로 이르는 것이다(고후 3:18하). 우리 안에서 하나님의 영광은 실제적이고 주관적으로 한 단계의 영광에서 또 다른 단계의 영광으로 진보한다. 이렇게 하나님을 표현하는 것은 점진적이다. 그러므로 이것은 영광에서 영광에 이른다.

D. 믿는 이들이 생명 안에서 변화됨으로 들어가게 될 영광의 최종 단계는 그들이 영화롭게 되는 것임. 즉, 믿는 이들은 그들의 몸이 구속됨으로 하나님의 영광 안으로 들어가 영광이신 하나님을 충만하게 누리게 됨

믿는 이들이 생명 안에서 변화됨으로 들어가게 될 영광의 최종 단계는 그들이 영화롭게 되는 것이다. 즉 믿는 이들은 그들의 몸이 구속됨으로 하나님의 영광 안으로 들어가 영광이신 하나님을 충만하게 누리게 된다(롬 8:21, 23, 30). 믿는 이들이 생명 안에서 변화된 최종 단계는 그들이 하나님을 얻고 하나님을 누리는 것이다. 이것이 오늘날의 원칙이며 장래에도 이 원칙은 동일할 것이다.

Ⅳ. 영화롭게 됨은 생명 안에 있는 하나님의 구원의 궁극적인 완결임

A. 믿는 이들이 영화롭게 됨에 도달하는 것은
하나님의 생명 안에서 성숙의 정점에 도달하는 것임

영화롭게 됨은 생명 안에 있는 하나님의 구원의 궁극적인 완결이다. 생명 안에 있는 하나님의 구원은 거듭남과 변화와 형상을 본받음과 영화롭게 됨을 통하여 우리를 최고도로 구원하는 것이다. 믿는 이들이 영화롭게 됨에 도달하는 것은 하나님의 생명 안에서 성숙의 정점에 도달하는 것이다.

B. 믿는 이들이 영화롭게 됨의 고봉에 도달하는 것은
생명 안에 있는 하나님의 구원의 정점에 도달하는 것임

믿는 이들이 영화롭게 됨의 고봉에 도달하는 것은 생명 안에 있는 하나님의 구원의 절정에 도달하는 것이다.

V. 믿는 이들의 영화롭게 됨은 하나님의 갈망을
만족시키도록 하나님의 경륜을 성취하는 것임

하나님에 관하여, 믿는 이들의 영화롭게 됨은 하나님의 갈망을 만족시키도록 하나님의 경륜을 성취하는 것이다.

A. 믿는 이들의 영화롭게 됨의 충만한 표현은
장차 영광 안에서 나타날 새 예루살렘임

믿는 이들의 영화롭게 됨의 충만한 표현은 장차 영광 안에서 나타날 새 예루살렘이다(계 21:10-11). 새 예루살렘은 궁극적인 영광이다. 새 예루살렘은 하나님의 영광으로 조성되어 하나님을 표현할 것이다.

B. 새 예루살렘은 하나님이 인성 안에서 사람이 되시고 사람이 신성 안에서 하나님의 형상을 본받은 것을 영원토록 완전히 표현함

새 예루살렘은 하나님이 인성 안에서 사람이 되시고 사람이 신성 안에서 하나님의 형상을 본받은 것을 영원토록 표현할 것이다. 하나님이 사람 되시고 사람이 하나님의 형상을 본받은 것의 가장 위대한 단체적인 표현이 새 예루살렘이다.

C. 새 예루살렘은 하나님이 갈망하시고 그분의 마음이 기뻐하시는 것이며, 또한 하나님이 그분의 선한 기뻐하심 안에서 기다리고 계시는 것임

새 예루살렘은 하나님이 갈망하시고 그분의 마음이 기뻐하시는 것이며, 또한 하나님이 그분의 선한 기뻐하심 안에서 기다리고 계시는 것이다. 우리도 이것을 소망하며 하나님 또한 이것을 소망하신다.

윗치만 니 특선

신국판/ 286쪽/ 값 7,000원

하나님은 모든 사람이 직접 하나님의 권위에 순복하기를 원하실 뿐 아니라 그분의 대표 권위에 순종하기 원하신다.

신국판/ 160쪽/ 값 4,000원

이 책은 그리스도의 종이라면 반드시 배워야 할 기본적인 공과로서 겉 사람이 주님에 의해 파쇄됨으로 인해 영이 해방되는 것을 말해준다.

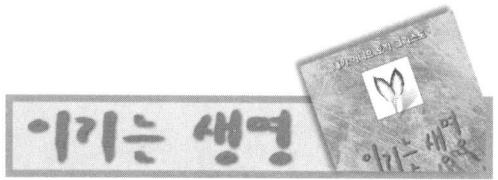

신국판/ 264쪽/ 값 6,500원

윗치만 니 형제님이 1935년에 전한 메시지들이다. 우리 안에 살아 계신 그리스도가 우리의 승리이심을 밝히고 있다.

신국판/ 312쪽/ 값 7,500원

이 책은 일반적이 아닌 정상적인 그리스도인의 생활이 어떤 것인가를 보여 준다. 전세계 수많은 믿는 이들에게 영적 전환을 갖게 한 윗치만 니의 명저.

윗트니스 리 특선

신국판/ 320쪽/ 값 7,500원

영에 대한 기본적인 인식을 심어 주며, 성령에 의해 이루어지는 몸인 교회에 대하여 합당한 인식과 생활을 하도록 설명해 준다.

신국판/ 302쪽/ 값 7,000원

삼일 하나님께서 사람 속에 들어와 내주하기 위한 하나님의 위대하신 경륜과 사람의 각 기관을 정확히 분석하여 혼의 생명을 부인하는 길을 계시한다.

신국판/ 232쪽/ 값 5,000원

이 책은 복음서, 사도행전, 서신서, 계시록에서 그리스도가 낡은 유대교뿐 아니라 모든 종류의 종교와 대치됨을 보여준다.

신국판/ 244쪽/ 값 6,000원

생명나무란 무엇인가? 창세기부터 계시록까지 그 모양을 달리하고 있는 생명나무에 대해서 우리는 이 책을 통해 확실히 알 수 있다.

신성한 계시의 선견자
윗치만 니 전집
(전 62권 완간!)

제 1집 1922~1934년까지의 총 20권
제 2집 1935~1942년까지의 총 26권
제 3집 1943~중국 공산당에 의한 투
　　　옥 직전까지의 총 16권

"하나님의 아들 그리스도는 사람의 죄를 속량하기 위해 죽으시고 삼 일 만에 부활하셨다. 이것은 우주 가운데 가장 놀라운 사실이다. 나는 그리스도를 믿음으로 죽노라"

(윗치만 니가 순교하기 직전에 남긴 글)

주석 중의 주석! 강해 중의 강해!
라이프 스타디 시리즈
창세기 ~ 요한계시록 완간

본서의 특징
1) 해석의 정통성　　2) 계시의 종합
3) 생명의 풍성한 공급　4) 강해와 주석의 겸용
5) 생생한 예화　　　6) 용이한 이해
7) 성경 제반의 난제들에 대한 해설

- 본서는 근세에 뛰어난 성경 해설집으로 세계 20여 개국의 언어로 번역된 탁월한 강해서이다.
- 본서는 헬라어, 히브리어 성경과 각종 성경 번역들을 참고한 진리적, 신학적, 이론적 근거가 완벽한 강해서이다.
- 본서는 영적 생활 60년을 넘어선 윗트니스 리의 풍부한 신앙 체험을 맛볼 수 있게 해 주는 그의 연구의 결정판이라 할 수 있다.

윗트니스 리 著
신약의 결론

- 하나님, 그리스도, 성령, 믿는 이들(Ⅰ, Ⅱ), 교회, 왕국, 새 예루살렘은 성경의 가장 중요한 제목들로서 하나님의 경륜을 함축하고 있다.
- 저자 윗트니스 리는 12년간 방대하고 주옥 같은 라이프-스타디를 완성한 후 위와 같은 일곱 제목의 책을 추가하여 펴냈다.
- 이 책은 성경의 가장 중심되는 제목별로 진리를 체계적으로 설명해 주고 있어 진리의 합당한 장비를 줄 수 있는 책이다. 영문판은 신약의 결론이란 제목으로 출판되었고, 하나님과 성령 부분은 그의 다른 저서 중 참고가 될 만한 부분을 추가 편집하였다.

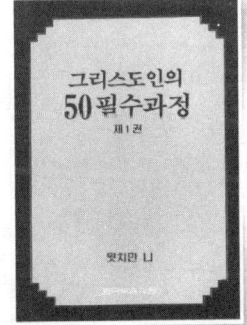

(전 5권)

그리스도인의
50필수 과정

이 책은 윗치만 니의 후기 사역인 1948년의 고링에서 그리스도인의 기초를 확립하기 위한 부담으로 주어진 메시지들로 이루어져 있다. 전 5권으로서 각 권은 10과로 되어 있다. 1권 '침례'를 시작으로 5권의 '교회의 권위'까지 그리스도인들의 생활 가운데서 주님을 누리고 체험할 수 있도록 이끌어 주는 책이다. 이 다섯 권의 책으로 그리스도인들의 합당한 생활에 대해서 정리할 수 있다.

생명 안에 있는 하나님의 구원

인쇄일/ 2001년 11월 24일
발행일/ 2001년 11월 31일
저자/ 윗트니스 리
역자/ 한국복음서원 번역부
발행인/ 이희득
발행처/ 한국복음서원
주소/ 463-839 경기도 성남시 분당구 야탑동 472-1
전화/ (031)701-3773, 704-0623, 0625
팩스/ (031)704-6136
®1978.3.6. 제 16-12호
지로 번호/ 5013186

• 파본은 교환해 드립니다
• 본서의 일부 및 전부의 무단복제를 금합니다

ISBN 89-8478-087-1 03230

정가 3,000원